河南省高校基本科研业务费专项资金资助项目：
河南理工大学人文社科优秀著作（编号：SKJZZ2021-06）
河南省高等学校人文社科重点研究基地系列成果：
河南省高校人文社会科学研究项目（编号：2022-ZZJH-382）

高校体育场馆
社会化服务与管理研究

许荣梅　张军鹏　李晓艳　著

人民体育出版社

图书在版编目（CIP）数据

高校体育场馆社会化服务与管理研究 / 许荣梅, 张军鹏, 李晓艳著. -- 北京：人民体育出版社, 2022（2023.4重印）
ISBN 978-7-5009-6221-2

Ⅰ. ①高… Ⅱ. ①许… ②张… ③李… Ⅲ. ①高等学校—体育场—社会服务—运营管理—研究—河南 Ⅳ. ①G812.761

中国版本图书馆CIP数据核字(2022)第177132号

*

人 民 体 育 出 版 社 出 版 发 行
北京中献拓方科技发展有限公司印刷
新 华 书 店 经 销

*

710×1000　16开本　12印张　217千字
2022年12月第1版　2023年4月第2次印刷

*

ISBN 978-7-5009-6221-2
定价：66.00元

社址：北京市东城区体育馆路8号（天坛公园东门）
电话：67151482（发行部）　邮编：100061
传真：67151483　邮购：67118491
网址：www.psphpress.com
（购买本社图书，如遇有缺损页可与邮购部联系）

前 言

2007年，中共中央、国务院印发《关于加强青少年体育增强青少年体质的意见》，明确提出学校体育场地与公共体育场地要综合利用，一方面，学校要充分利用公共体育场地设施开展体育活动，另一方面，学校体育场地在课余时间应积极向学生和周边居民开放，实现资源共享。2013年，国家体育总局等八部门联合下发的《关于加强大型体育场馆运营管理改革创新提高公共服务水平的意见》中也明确提出，鼓励通过体教结合等方式，共建共享体育场馆，充分利用大、中学校体育场馆等社会资源，避免重复建设和资源闲置。高校场馆运营与社区公共场馆等其他公共服务设施共享共用，既可以节约投资，又可以节约土地等资源，实现资源利用最大化。

随着全民健身和健康中国国家战略向纵深推进，公众参与体育活动的意愿与需求水涨船高，但在城市土地资源寸土寸金、体育人口快速增加的重压之下，场馆设施渐感缺乏。因此，高校场馆设施作为开展学校体育工作和服务社会公众的重要物质基础，应义不容辞成为开展全民健身活动的重要载体。近年来国家连续出台系列政策文件促进高校场馆开放，加强其运营与管理。高校场馆设施的功能定位正在不断拓展，其服务范围与对象日趋扩大，在全面建成小康社会和新时代公共体育服务体系中扮演新的角色。但现实中，高校体育场馆仍面临动力不足、经营不善等一系列问题，既限制了自身发展，也弱化了其在社会化服务体系中的基础性地位。

基于此，本书拟就高校体育场馆设施运营管理创新问题进行研究，以期为提高场馆运营效率和服务全民健身提供决策依据和理论参考。本研究以文献资料法、问卷调查法、实地调查法、数理统计法为研究方法，对高校体育场馆社会化服务和管理的场地资源、服务方式、运行机制三要素现状进行了调查分析，重点围绕场馆社会化服务模式基本现状、影响因素进行了定性与定量分析，对高校体育场馆服务、管理、运营等进行分析，并在把握场馆社会化服务影响因素基础上，提出了具有针对性的优化对策。

全书共分为六章，其中许荣梅（河南理工大学）负责撰写第一章、第二章的第一二节、第五章，共81906字；张军鹏（河南理工大学）负责撰写第二章的第三节、第三章、附录，共83028字；李晓艳（河南理工大学）负责撰写第四章、第六章、参考文献，共51612字。

著者

2021年3月

目 录

第一章 导论

第一节 研究背景

一、现阶段国家政策改革和导向的需求

《国务院关于加快发展体育产业促进体育消费的若干意见》（国发〔2014〕46号）提出加快推动学校体育场馆向社会开放，将开放情况定期向社会公开。2015年11月10日，习近平总书记首次提出“供给侧结构性改革”，全面提高供给质量，改革和促进结构调整，扩大有效供给，提高全要素生产率，促进经济活力的释放和经济社会的可持续发展。

在市场经济结构不断优化的过程中，我国强调科学地处理体育资源配置中政府与社会、市场与社会、政府与市场之间的交叉脉络关系。通过体制改革和创新机制逐步改善供需矛盾，重点提升体育供给体系质量和效率，实现由体育场馆低水平供给向高水平供给跃升，这是国家体育事业发展壮大到一定阶段的必然路径。“供给侧改革”理念体现了当前高层治理思路的变化，为我们提高体育场馆的利用率提供了新的改革思路。高校体育资源的社会化倡导资源共享，即服务社会的理念，开放过程中日趋完善，以满足居民的体育需求，逐步提高现有体育资源的利用率。2019年8月提出的《体育强国建设纲要》指出要“落实全民健身国家战略”，明确指出要完善全民健身公共服务体系。体育场馆作为场地资源，对于提供更加优质的公共服务起着十分重要的作用。

党的十九大报告指出，我国社会的主要矛盾已转化为人民日益增长的美好生活需要和不平衡不充分的发展之间的矛盾。在公共体育服务领域，体育场馆仍然是现阶段中国基层公共体育服务供给的重要载体，同时人民

日益增长的体育锻炼消费需求和不平衡不充分的公共体育服务供给体系相矛盾。体育场馆是全面发展体育产业的重要场所，而大型体育场馆的发展更是与全民身体健康状况以及生活质量息息相关。国民经济发展、居民生活方式改变以及对健身需求的提高，都对体育场馆的服务提出了更高的要求，更加精准地满足人民群众日益增长的公共服务需求是十分必要的。“全民健身行动”提出到2030年，城乡居民达到《国民体质测定标准》合格以上的人数比例不低于92.17%；经常参加体育锻炼人数比例达到40%及以上；人均体育场地面积达到2.3平方米及以上。因此，应尽量提高健身场馆使用效率，满足广大人民群众健身需求。目前，政府极力主导学校体育场馆和所有公共体育场馆面向社会开放，各部门须协同配合，实现现有存量场馆开放和新场地建设。全社会也要共同参与，促进和督促场馆有效利用。

二、创新体育场馆社会化服务，满足人们日益增长的体育需求

改革开放以来，国内经济发展与日俱增，人均GDP持续增长。全民健身观念已逐渐深入人心。随着我国经济发展水平不断提升，人民生活水平不断提高，其消费重心也随之变化。据麦肯锡发布的《2020年中国消费者调查报告》显示，虽然我国人均可支配收入增速放缓，但健身消费方面的支出不降反增。2019年，72%的城市消费者增加了健身相关的支出。另外，《中国体育产业发展报告（2019）》显示，目前我国体育培训市场的规模已达2011亿元，并且参与体育培训的年人均消费也突破了5700元。这反映出体育消费需求与人民的收入存在正相关关系，消费需求也从必需品消费向健康消费的方向延伸。

《“健康中国2030”规划纲要》中第六章第一节明确提出，要加强对公共体育服务设施的建设，完善全民运动服务体系，进一步满足全民高涨的体育热情。体育场馆资源的社会化不仅满足了人们日益增长的健身和精神需求，也推动了相关产业的发展。

国务院于2014年10月20日发布的《关于加快发展体育产业促进体育消费的若干意见》中规定，为了进一步提高体育场地的使用率，学校体育场馆必须在满足基本体育教学和课外活动正常进行之余，保持对社会最大程度开放。《体育发展“十三五”规划》明确提出，创新体育场馆管理是必要的、不容忽视的。2014年，第六次全国体育场地普查数据显示，学校系统的体育

场馆所占比重居首位，为此，国家先后颁布了一系列法律法规，促进向公众开放学校体育设施。

三、高校体育场馆社会化服务改革发展的现实要求

进入21世纪以来，在高校的发展过程中，基础设施建设日趋完善，建设难度较大、投资较高的综合性体育场馆逐渐普及，体现了我国高校体育基础设施建设的重大进步，而建设水平较高的体育场馆及训练中心已成为各大学校园体育资源最集中的区域，因此，高校体育场馆的运营及服务管理，在高校体育教育及现代高校经营管理中都占有举足轻重的地位。高校体育场馆大多属于国有资产，尤其是在公立院校，是发展高校体育事业的重要条件，同时也是开展全民体育活动的重要场所。高校的扩大招生、合并建设，促使大型体育场馆在各级高等院校迅速发展，但是高校体育场馆管理运营及社会化服务的滞后妨碍了其自身的发展和高等教育质量的提高，所以，高等学校体育场馆的管理体制及服务模式成为一个亟待研究的问题。

近年来，国家对全民健身工程十分重视，推出了一系列政策，各地也在积极推动开展全民健身，其中大力推进体育场馆改革，满足社会大众健身需求是重要的一环。高校体育场馆在服务于校内教育的同时，也承担着社会的基本功能。随着我国经济的快速发展，高校体育场馆建设速度、质量、规模不断提升，高校体育场馆在服务校园师生的同时，也需要回应社会大众健身的需求。目前，尚未发现有关高校体育场馆社会化服务模式的研究，对该方面进行研究一方面对提高高校体育场馆社会化服务水平有一定的参考价值，另一方面对丰富当前高校体育场馆服务研究具有一定理论意义。特别是当前社会体育健身场馆设施与社会大众健身需求相比还存在差距，高校体育场馆对外提供服务是解决这一问题的重要途径。因此，现阶段推进高校体育场馆社会化服务改革、提升服务水平成为高校体育场馆改革发展的重要工作。

四、高校体育场馆高效运行的内在要求

高校体育场馆的高效运行，既离不开高校的使用、管理，也需要社会消费者、管理者、服务模式等方面的支撑。近年来，高校体育场馆不断推进改革，在尝试社会化服务的同时，在场馆管理制度、人员配备、资源建设等方面不断

进行改革探索，场馆管理水平有所提高。但是调研发现，目前高校体育场馆运行中仍然存在一些问题，影响场馆的运行效能。

初步调查发现，目前高校体育场馆中，社会化服务管理以体育部门管理为主，引入社会管理资源相对不足，市场化管理水平不高，缺少高效的市场营销策略。场馆社会化运行业务流程、服务制度、保障制度、监管制度不完善，场馆管理维护水平不高，场馆对外服务受限于安全、管理维护、人员管理等方面因素，这些问题制约了高校体育场馆社会化服务的水平，影响了场馆运行效能。因此，进一步推动高校体育场馆社会化服务综合保障机制，提高场馆运行效能成为高校体育场馆管理方面的重要问题之一。

第二节　研究目的和研究意义

一、研究目的

随着我国全民健身的不断发展，体育场馆的建设逐渐引起了人们的重视，高校体育场馆作为体育场馆中比例较大的部分，应该作为全民健身体育锻炼的场所，满足当前社会背景下群众的基本体育需求和保障其基本体育权利，是全民健身发展中不可缺少的重要组成部分。一方面，高校体育场馆资源的社会共享可以促进全民健身计划的实施，促进体育公共服务体系的建设，缓解体育资源不足与人民日益增长的体育需求之间的矛盾，在诸多方面都发挥着积极作用；另一方面，有利于高校体育机制改革，以及高校体育资源的整合和挖掘。目前，政府尚未建立健全高校体育场馆管理机制，这在一定程度上影响了高校体育场馆资源的有效开发和利用。为解决当前所面临的问题，高校需要合理安排体育场馆的空闲时间，充分发挥资源共享的优势，满足公众多元化体育需求。高校体育场馆向社会开放不仅是全民健身活动开展的需要，也是高校体制改革的需要。高校体育场馆条件优越，设施设备齐全，而且兼具人才和赛事优势。随着人们物质生活水平的提高，公众的身体素质意识普遍提高，参加体育锻炼的人数大幅增加，是不可小觑的消费群体。本文对高校体育场馆进行了调查和综合分析，旨在解决高校体育场馆社会化面临的问题。

二、研究意义

（一）理论意义

2021年，国家统计局公布了《中华人民共和国2020年国民经济和社会发展统计公报》。公报显示，截至2020年末，全国共有体育场地371.3万个，体育场地面积31.0亿平方米，预计人均体育场地面积2.20平方米。对比2019年底的数字：全国共有体育场地316.2万个，人均体育场地面积1.86平方米。增量分别为55.1万个、0.34平方米。《“健康中国2030”规划纲要》指出，到2030年中国人均体育场地面积不低于2.3平方米。2017年4月6日，《人民日报》提到，据国家体育总局调查统计，在全国体育场馆中，学校体育场馆数量占总数的66%，这对于推进全民健身的发展具有重要意义。供给和需求是发展全民健身必不可少的两个方面，必须协调好供给与需求的动态平衡，才符合《全民健身计划（2021—2025）》的要求，因此，中国应该在高速建设体育馆的同时，最大程度地合理利用现有的场馆资源。

（二）现实意义

基于当前供需错位不平衡现象，“供给侧改革”的第一个目标是从产能过剩和增长空间有限的产业中释放资源要素，第二个目标是为提供中高端消费服务的“朝阳产业”输送更多的劳动力、资金、金融和技术。

随着人们对体育设施的需求量不断增加，运动群体涌入体育场馆，使场馆供不应求。社区广场的简单健身器材已经不能满足人们的运动需求，这是我国体育场馆从供给侧角度改革的首要原因。高校应充分发挥自身资源的独特优势，综合外部情况，遵循“以教为本，多方参与”的原则，综合多种因素，选择适合自身发展的体育场馆经营管理模式，使场馆的利用率最大化，实现经济效益和社会效益共同提升。近年来，国家重视体育场馆建设，全国体育场馆数量不断增加，但由于我国对公共体育健身场馆的投入有限，体育场馆资源始终无法满足广大群众的锻炼需求，因此政府必须鼓励高校提高体育场馆的利用率，充分发挥现有场馆的优势，利用体育市场唤醒“睡眠”的体育资源。

第三节　研究方法

一、文献资料法

通过检索中国期刊网、万方数据库、超星图书馆和其他各类网站，以及查寻各类图书馆，收集和阅读有关公共经济理论、经济管理理论的书籍和体育场馆相关文献资料，并对所收集资料进行整理归纳。

二、问卷调查法

以高校为单位，对熟知场馆的相关管理部门人员和教师发放问卷，并对问卷数据进行整理分析。问卷内容包括：

①学校基本情况：地理位置、学生人数、学校类型等。

②学校体育场馆配置和开放情况：是否进行有偿开放、校区开放经营的服务对象等。

③学校体育场馆经营管理情况：校区场馆经营模式管理、场馆有偿开放时间。

根据本课题的需要，在查阅文献资料和遵循有关问卷设计要求的基础上，设计了高校体育场馆管理人员、高校体育教师、在校学生和社会人群三类调查问卷（见附录1）。

调研的10所河南省高校中随机选取6所高校，发放给高校体育场馆管理人员12份（有效问卷12份），发放给高校体育教师65份（有效问卷60份），发放给在校学生和社会人群340份（有效问卷320份），并采用现场问卷回收的方式进行回收。为保证问卷具有较高的可靠性和有效性，在形成正式问卷之前，对问卷进行效度检验，问卷回收两周后再发放少量问卷进行重测，两次问卷结果的相关性较高，调查数据可信。

三、逻辑分析法

在研究过程中将采用归纳、演绎、类比、综合分析等逻辑方法，对数据进行深入的挖掘，推导出相应的结论，并在此基础上提出合理而科学的建议。

第四节　文献综述

一、相关概念

（一）体育场馆

国内外专家学者对“体育场馆”这一术语进行了广泛的研究，其概念定义的理解也有所不同。例如，钟天朗教授（2014）在《体育经营管理》一书中提到：“体育场馆是按照一定标准规范建造的专门体育场所，用于开展各种体育活动。”张尚权、杜水芳（1991）在对中国体育设施建设的研究中认为：“体育场馆是一整套相互关联的因素，例如场地的布局、类型、规模、数量和形态等。”曹缔训先生认为，体育场馆是各类运动场所的总称，拥有专业的运动器械和运动器材，是为了开展运动训练、运动竞赛以及大众健身锻炼而专门修建的专业性场馆。而国外学者认为体育场馆是各类运动设施的重要组成部分，宇土正彦（日本）在《体育管理学入门》一书中提到：“体育场馆拥有专业的运动器械和体育设备，综合物理性、地理性条件的运动所需的专门场所，也是运动设施的组成部分。”

综上所述，本书将体育场馆界定为各地区政府为了满足运动训练与竞赛需求，面对不同体育锻炼群体开放的各种类型场馆的总称，是专门性的体育锻炼场所。

（二）体育场馆资源社会化

专家学者对于“社会化”有不同的理解，体育资源社会化意味着资源的多样性和合理分配。俞丽萍、刘海瑞（2013）在对高校体育场馆资源社会化进行研究中论述：“体育场馆资源社会化是指通过国家和社会建立多种不同渠道，引入社会资源，促进体育发展。高校体育场馆反哺于社会，促进了全民健身的发展。”本书中体育场馆资源社会化是指在正常的体育教学和课余训练中开放体育场馆资源。

在体育开放形式方面，李尧提到："大学室内体育场馆大多是收费的开放方式。户外运动体育场地多数是免费开放的，实行有偿开放可以给学校来经济利益，这也更有局限性。"目前，高校体育设施的开放程度相对较低，这也从另一个视角说明高校体育场馆的开发利用潜力很大。在开放形式和开放时间方面，各高校应根据实际情况制定合理的指导方针和政策，并按当地价格向公众开放。

综上所述，本书将体育场馆资源社会化界定为高校在教学、训练之余，整合现有资源，以有偿、无偿等方式接纳社会人群到高校进行体育锻炼，以提高场馆的利用率。

（三）经营、管理与经营管理

经营起初是指经济活动中谋取利润的活动，尤其是企业。经营的目的是追求成本的最小化和利润的最大化。后来"经营"也用于国家及其事业建设中。现今"经营"已广泛应用于社会和经济活动的各种领域。现代意义的经营是指在社会经济活动中，具有支配能力的个人或群体，为在有利条件下实现更高的目标或在不利条件下实现既定目标，有意识地或自觉地根据客观规律进行的一种总体上的筹划活动。

经营不等同于管理，但是与管理的关系极为密切。管理是指控制、处理、协调和组织等；经营是指经理、运筹、筹划并治理等。陶美重等认为，经营中包含着管理，经营是管理的升华，因为经营阶层只有通过管理这个中间层次的信息反馈，进行分析研究和加工提炼，才能形成正确的经营思想和经营决策。经营又是管理的出发点和归宿，因为管理意识需要经营意识的支配，一切管理活动，包括组织、计划、指挥、协调、控制等，都是为实现经营目标而服务的。尽管管理也需要对生产过程中的具体管理工作做出决策，但是这种管理业务上的决策是按照经营决策的总方针进行的，任何涉及总体的决策都是经营者事先缜密谋虑的结果。但范明志等认为，管理的定义中包含了经营的内容，通常认为管理本身就含有双重任务：一是偏重于管理系统内部，其核心是放大系统功效；二是偏重于管理系统与环境的关系，其核心是科学决策。因此，本研究认为没有必要把前者称为管理，把后者称为经营，其实两者都属于"经营管理"。纪宁等在《体育赛事的经营与管理》一书中写道，由于经营过程中有不可或缺的管理工作，所以将经营与管理两个概念组合在一起使用，表示"为实现经营的目标而进行管理”。因此，在本书中采用“经营管理”的概念。

二、国内体育场馆开放研究

1995年以来，国家颁布了一系列有关场馆开放的政策法规，鼓励全国体育场馆的拥有主体在日常体育工作外将体育场馆对外开放，包括学校体育场馆和公共体育场馆。

1995年《中华人民共和国体育法》规定：“公共体育设施应当向社会开放，方便群众开展体育活动，对学生、老年人、残疾人实行优惠办法，提高体育设施的利用率。”2009年《全民健身条例》进一步规定，学校应在满足日常体育教育的基础上科学合理地实施对外开放。2014年10月20日，国务院颁布的《加快发展体育产业促进体育消费的若干意见》中指出，学校体育场馆在确保日常基础教学和训练的前提下，要加快对外开放，并定期将开放情况向公众公开，优化体育场馆资源的利用。2017年，国家体育总局、教育部联合印发的《关于推进学校体育场馆向社会开放的实施意见》指出，需完善学校体育场馆的开放对象、开放时间、收费标准及安全机制，并做出合理规定。此外，各级地方政府也积极响应国家的号召，颁布了结合当地特色的地方政策法规。

以上一系列国家、地方政策和法律条例都足以表明政府在对学校体育场馆社会化的进程中给予了足够的支撑。但是，具体实施的定位还不够明确，政策相对模糊，因此，国家及地方政府应加大监督力度，提出体育场馆开放标准和制度，以最大限度利用场馆设施。

三、国内高校体育场馆资源社会化服务研究

国内许多专家学者对高校体育场馆社会化开放现状、开放形式及开放程度进行了调查研究。

1. 开放现状

陈奕良（2013）在对成都市高校体育场馆开放现状调查中指出：“成都市高校体育场馆社会化开放现状存在服务水平不高、开放形式单一、时间安排不合理等问题。成都市高校体育场馆下午和晚上的开放时间是主要时间段，开放形式以有偿与无偿相结合，总体开放程度不高，与西部发展相比具有一定的优

势，但与东部比较差距较大，开放场地多为篮球场、足球场等这种球类场馆，整体开放程度不高”。于洋（2010）在对吉林省高校体育场馆资源利用现状调查中指出：“由于地方经济和区位发展，吉林省高校资源稀缺，数目不多。目前免费开放只针对学生，社会人员需要支付费用，场馆收入的使用没有明确规定，多为学校私用，在监督管理方面没有成熟的机制体制，缺乏必要的监督管理。”

2. 开放形式

李尧指出：“中国的大多数体育场馆对室内场馆和室外场馆采取不同的开放方式。大部分室内体育场馆为有偿开放，室外体育场馆为无偿开放，高校有偿开放比无偿开放更有局限性，但有偿开放可以给高校体育场馆带来经济效益，从长远角度分析，是高校开放形式中的一种重要方式。”

3. 开放程度

朱志强、刘石（2009）在对我国大型体育场馆规划管理的研究中指出：“我国只有不到一半的体育场馆实行全面对外开放，部分开放的体育场馆所占比例为21.3%，目前仍有34.6%的体育场馆不向公众开放。”

因为经济发展不均和地域性差异等影响因素，各地区高校体育场馆资源开放形式和开放程度参差不齐。总体来讲，高校体育场馆设施的开放程度相对较低，这也表明有很大发展空间，高校体育场馆资源存在巨大潜力。

四、国内高校体育场馆资源管理研究

当前，国内高校对体育场馆没有成熟稳定的管理模式，形式单一、综合水平低，还有待进一步强化。

李勇提出：“北京市经济发展水平居国内前列，其高校体育场馆资源也相对其他地区丰富，高校体育场馆管理模式多为体育部门直接管理，使用基于人的定价方法，可以对不同人群提供不同的定价方法，但管理系统仍然处于探索阶段，还有许多问题需要改进。”同样，余静指出：“上海市高校体育场馆经营管理制度目前还不够完善，管理模式多样化，需要根据健身人群的需求，增加场馆对外开放的项目种类。”

王玫等（2012）在对我国高校体育场馆对外开放研究中将高校体育场馆管理模式分为6种，根据管理主体+场馆经营运营模式分类，指出中介管理和经营公司管理的方法更适用于这6种模式。根据高校体育场馆的政策和发展进行了具体调整，呈现出多样化、动态化和混合化等特点。

国内高校体育场馆资源以单一形式对外开放，管理水平不高，缺乏有针对性的管理体制为场馆的社会化提供参照。这不利于体育场馆对外开放，需要引起高校管理层及体育管理人员的重视。

近年来，虽然国家在政策上大力扶持高校场馆的对外开放，但是效果可见一斑，管理思想陈旧，体制不健全。高校传统的管理体制对市场运营不重视，导致高校体育场馆在社会开放过程中遇到或多或少的阻碍。闵东旭（2013）研究了高校大型综合性体育场馆的管理问题，分析了不同运营模式的优缺点，高校下设独立场馆管理部门的优点有高校具有控制权，与其他部门方便协调，缺点是没有专业管理团队，业务能力不足；体育学院直接管理的优点是熟悉校内资源配置、充分利用学校教师资源；企业管理的优点是具有专业的管理人员和业务经验，缺点也很明显，与日常教学的矛盾较大，并且器材维护不及时。钱武宁等（2017）分析了场馆经营管理的困境，提出经济与社会效益没有达到统一阶段、资金不活、评价机制不健全、缺乏专业管理团队、观念陈旧等障碍，并提出丰富场馆活动内容、拓展资金来源、提高运营管理水平等建议。郝海亭等（2019）分析了学校体育场馆开放的管理机制，通过相关政策文件、管理模式的分析，提出场馆社会开放面临的困境及对策。徐磊（2017）提出场馆开放信任机制构建的策略：完善产权制度、建立场馆开放信任机制、加强健身与法律教育。钱学峰等（2019）研究了高校场馆社会开放的协同治理机制，引入社会组织参与学校体育场馆开放治理的构想，完善管理机制。

综合可以看出我国高校体育场馆管理方式多样，但是真正被广泛应用的还是高校自主管理。作为高校体育场馆，不同于公共体育场馆的社会属性，它不仅要为社会公众提供休闲运动的场所，更重要的是它作为高校进行日常教学任务的必要场所，管理办法具有一定的特殊性。根据调研了解到我国高校体育场馆的开放程度不彻底，由于场馆管理者大多为高校教师，没有专业的管理团队，所以造成多数高校体育场馆仅仅履行了教学职能，市场化运营程度较低。并且对场馆安全的关注程度不高，一直本着“不会发生安全事故”的理念，一旦发生事故，处理起来欠缺经验，从而造成了现在场馆管理的困境。高校直接管理的方式思想过于陈旧，并且对市场运营不重视，仅仅作为高校师生上课的场所，市场职能发展不均衡。高校场馆在管理方面必须摒弃传统的管理方式，制定适合高校的管理体系和运营模式，最大化发挥场馆的“自我造血”能力。

五、国内外体育场馆管理与社会开放的研究现状

（一）国内体育场馆管理与社会开放现状研究

如何经营管理高校体育场馆，在保证高校体育正常教学的前提下，为全民健身活动提供便利，充分发挥高校体育场馆的社会功能，已成为当前我国高校体育场馆研究的重要课题。高校体育场馆的社会开放趋势得到学者们的一致认同。任丽萍（2008）研究认为，作为公共产品，高校体育场馆必须表现其应有的社会效益，以适应社会发展的需求。蔡继云（2010）认为政府、学校和公众三者之间没有根本利益冲突，应整合各方利益诉求，完善监督机制。针对高校体育场馆的经营管理模式，学者们持有不同的观点。无论是从场馆管理的现状，还是从该问题的理论研究成果来看，高校直接经营管理都占有主流趋势。杨震（2013）将高校体育场馆建设纳入城市建设规划与城市举办大型体育赛事场馆建设规划，规范多级代理，建立运营激励机制，开展社会调研，及时获取相关信息，建立高校体育场馆资源共享网络平台。

（二）国外体育场馆管理与社会开放现状研究

目前，国外高校体育场馆建设和经营管理研究的问题主要集中于多元化资金投入、BOT项目融资和体育场馆冠名权开发等。有研究认为，在欧美发达国家，70%的大型体育场馆都出售了冠名权，目前全球体育场馆赞助（冠名权）市场估计为40亿美元，其中美国占75%。体育场馆冠名权的发展与高校体育场馆的发展密切相关。萨瓦斯（2004）认为，高校体育场馆建设的PPP模式（即公共部门与私营部门的合作模式）代表的是一个完整的项目融资、建设和管理的复合理念，比单方参与生产和提供物品或服务更具优势。霍华德（2005）提出了美国高校体育场馆冠名权的价值评估理论体系，并且分析了冠名权投资的风险规避策略和回报方式，而目前国内综合体育场馆冠名权价值的深入研究仍然十分薄弱。相关研究显示，国外无论大型还是中小型体育场馆，无论在建设设计中还是在管理服务中，都体现出利于所有人参与和享用，更加人性化。大卫·沃特（2007）指出，意大利、德国、西班牙、美国等发达国家立足于“体

育事业是公益性事业，公共体育场馆是非经营性实体”的公共体育场馆管理指导思想。

总之，国外营利性场馆设施研究重在强调特色化、规模化发展，突出经营管理的专业化特点，而高校在内的公共体育场馆研究则重在强调提高利用率基础上的管理策略。

综上所述，如何协调高校体育专业训练教学、公共体育教学、师生课外体育活动、周边群众健身活动等相关群体的利益，平衡体育场馆的公益性与有偿性的关系，是解决当前高校体育场馆闲置问题的关键。以往研究主要从分析高校体育场馆的社会有偿开放现状，或从委托代理理论、客户关系管理理念等单一视角研究高校体育场馆的经营问题。因此，引入博弈基本理论，分析高校场馆的现状，提出各高校体育场馆的社会开放策略，探讨高校体育场馆管理方法、市场化经营管理方式等新思路。

第二章　河南省高校体育场馆社会开放与管理

第一节　河南省高校体育场馆社会开放与管理现状

北京奥运会过后，伴随着“全民健身”热潮，我国大众体育事业发展越发重要，群众对于身体锻炼越来越重视，同时对于体育场馆及体育设施的需求也越来越高。“举国体制”下，我国供群众锻炼的体育场馆、设施不完善等现象确实存在，然而，高校体育场馆、体育设施、器材等资源具备较高的专业性。《全民健身条例》指出，学校应当在课余时间和节假日向公众开放，高校作为事业单位应承担起公共体育事业发展的责任。目前，所调查的河南省10所高校均建有专业性、综合性的体育场馆。

一、河南省高校体育场馆资源调查结果

（一）河南省高校体育场馆概况

2004年第五次全国体育场地普查至2014年第六次全国体育场地普查，近10年的时间里我国体育场地总数量及总面积增长迅速。2014年第六次全国体育场地总数1694600个，占地总面积为39.82亿平方米。同比，2005年全国体育场地总数量850080个，占地总面积为22.5亿平方米。全国体育场地总数增加99.35%，占地面积增加76.98%。河南省体育场馆总数量增长122.27%，河南省教育系统体育场馆占河南省体育场馆总数的54.03%（表2-1），可以看出高校体育场馆资源是河南省发展公共体育事业的支撑，是群众参加体育锻炼的重要载体。

表2-1　河南省第六次体育场地普查

	体育系统	教育系统	其他教育系统单位	其他系统	合计
场地数量（个）	917	46315	1121	35436	83789
占比（%）	1.11	54.03	1.36	42.87	100

调查的河南省10所高校中，全部建设有新校区，其中1所高校为三校合并。河南省高校体育场馆现状见表2-2，各高校均建有至少一所综合体育馆，可供多个体育运动项目使用。室外体育场地面积及数量要多于室内场馆，室内体育馆只是做到有馆可用。

表2-2　10所高校室内外体育场馆资源配置

高校	室内体育馆								室外体育场					
	综合馆	羽毛球	乒乓球	瑜伽馆	篮球	网球	武术	健身房	篮球	田径	足球	网球	轮滑	排球
河南理工大学	1	1	3	1	1	1	1	1	54	2	2	19	1	12
河南大学	1	1	1	1	1	1	1	1	48	4	3	12	1	22
洛阳理工学院	1	1	1	1	1	1	3	1	29	2	1	8	0	3
河南师范大学	2	1	1	1	2	1	2	1	34	3	1	12	0	12
河南牧业经济学院	1	2	3	5	1	0	1	1	37	3	3	7	0	21
郑州大学	9	1	3	1	3	1	1	1	44	1	5	17	0	20
河南科技学院	1	1	9	1	1	1	1	1	33	1	1	5	0	23
河南城建学院	2	1	1	2	1	1	2	1	33	3	3	8	0	15
焦作师范高等专科学校	1	0	1	5	1	0	1	1	13	1	1	3	1	6
焦作大学	1	0	1	2	1	0	1	1	30	9	9	3	1	12

河南省高校体育场馆资源现状显示，室外体育场地相对较为充足，尤其是室外篮球场地较为普遍。调查的高校均建有室内乒乓球馆、篮球馆、器械健身房等专业场馆，近年来专业型体育场馆建设有较快增幅，但室内网球馆并没有在全省高校普及。

（二）河南省高校体育场馆的规模

根据豫东、豫南、豫西、豫北、豫中地域和本科、专科不同层级选取河南省10所普通高校，进行实地调研。10所河南省高校体育场馆总面积1136470平方米，室内体育场馆总面积121644平方米，室外体育场馆总面积1014826平方米。在校学生平均每人可用运动场地为3.81平方米（表2-3）。从调研中可以看出河南省高校室外体育场地总面积相对高于室内体育场地，河南省高校室内体育场地资源较为紧缺。河南省高校体育场馆设施建设远未达到《普通高等学校体育场馆设施、器材配备目录》指标，10000人以下高校人均使用室外体育场馆面积不足4.4平方米、室内体育场馆不足0.3平方米。调查的10所高校体育场馆具有室外场地（维护费用相对较低）人均使用面积多，室内场馆（维护费用相对较高）人均使用面积少的共同点。

表2-3　河南省10所高校体育场馆面积

学校	体育场馆总面积（平方米）	室内总面积（平方米）	室外总面积（平方米）	生均（平方米）
河南理工大学	128926	20323	108603	3.58
河南大学	180621	18516	162105	3.00
洛阳理工学院	79828	6926	72902	2.66
河南师范大学	175531	14800	160731	4.73
郑州大学	145365	13800	131565	4.06
河南牧业经济学院	120317	8510	111807	4.47
河南科技学院	87535	5630	81905	1.78
河南城建学院	110723	15747	94976	5.53
焦作师范高等专科学校	58362	9231	49131	3.89
焦作大学	49262	8161	41101	4.47

2014年第六次河南省体育场地普查结果显示，全省体育场馆总数为82668个，占地总面积为12688.7万平方米，相比2005年第五次河南省体育场地普查结果，全省体育场馆总数增加122.27%，占地面积总数增加73%。其中，河南省教育系统体育场地总面积为6319.44万平方米，占河南省体育场地总面积的70.94%（表2-4）。

表2-4　河南省体育场地主要指标对比情况

指标／年份	体育场地总数量（个）	体育场地占地面积（万平方米）	体育场馆建筑面积（万平方米）	体育场地总面积（万平方米）	人均体育场地面积（平方米）	每万人拥有场地数（个）
2005年	37192	7322.8	218.4	5047.9	0.52	3.85
2014年	82668	12688.7	600.6	8907.6	0.95	8.78
增长百分比（%）	122.27	73	175	76.46	82.69	128.05

（三）河南省高校体育场馆（地）的种类

河南省高校体育场馆种类通常以体育运动项目的特点和体育场馆的用途及利用价值，划分为单一性体育场馆和综合性体育场馆，不同类别的体育场馆具有不同的特点和不同的使用性质。

1. 单一性体育场馆（地）

单一性体育场馆是针对某一项体育运动使用的体育场馆，场馆以及内部设施、器材都具有对某一项体育运动较高的专业要求。河南省高校室内单一性体育场馆主要有器械健身房、游泳馆、乒乓球馆、网球馆等项目单一性场馆。

室外单一性场地有网球场、排球场、羽毛球场、篮球场（塑胶）等，高校中这些项目运动场地占地面积较大，虽然也可以作为其他运动项目使用，但在实际使用过程中考虑网球、羽毛球、排球项目有球网，拆卸时易损坏等因素，这些项目场地只针对本项目使用。塑胶材质篮球场、网球场、排球场，由于塑胶维护费用昂贵，使用针对性较强，因此，将这些项目场地界定为室外单一性场地（表2-5）。

表2-5 河南省高校室内外单一性体育场馆（地）

学校	室内单一性场馆（个）			室外单一性场地（块）	
	器械健身馆	乒乓球馆	网球馆	网球场	排球场
河南理工大学	1	3	1	19	12
河南大学	1	1	1	16	12
洛阳理工学院	1	1	1	8	3
河南师范大学	1	1	1	12	12
郑州大学	1	2	1	9	10
河南牧业经济学院	1	3	0	7	21
河南科技学院	1	2	1	5	23
河南城建学院	1	1	1	3	15
焦作师范高等专科学校	1	1	0	1	6
焦作大学	1	1	0	2	12

2. 综合性体育场馆

综合性体育场馆用途广泛，可供多种体育运动项目使用。综合性体育场馆包括一个主馆和多个副馆。主馆特点是面积及空间大，无场地限制，可承办大型体育赛事，举行大型活动，副馆可针对某体育项目使用。

河南省各高校中至少有一个室内综合性体育场馆，是高校体育场馆的重要组成部分，其特点为具有综合性，建筑面积大，可同时容纳多人参与不同项目运动。综合体育馆中主馆一般设定为多功能篮球馆，可承办大型体育赛事。综合性场馆供多个运动项目使用时能够不受高度、宽度、长度以及灯光限制。例如，河南理工大学“新体育馆”的多功能篮球馆中，设置3块标准篮球场地（木地板），既可供篮球项目使用，又可供排球、荷球、武术等项目比赛使用。此外，多功能场馆中配备有可移动羽毛球地胶，铺上地胶则成为10块标准羽毛球场地。同时，配备有可移动乒乓球台，可摆设16块标准乒乓球比赛场地。副馆中有的项目场馆也可综合使用，舞蹈房可供舞蹈、健美操、瑜伽项目在不同时间使用。

室外综合体育场地包括田径场、足球场、室外篮球场等，高校体育课程会选择场地宽阔、地面平整的场地作为多项目体育课程授课场地。例如，篮球场、足球场，除本项目课程使用之外，也可供健美操、太极拳、交谊舞等课程使用。河南省高校室外综合性场馆资源较为丰富，每所高校均有1个及以上田径场（足球场），多个室外篮球场地（表2-6）。

表2-6　河南省高校室内外综合性体育场馆（地）

学校	室内综合性场馆（个）		室外综合性场地（块）		
	篮球	舞蹈房（瑜伽、健美操）	篮球塑胶/水泥	田径	足球
河南理工大学	比赛时1块 横向3块	3	塑胶24 水泥30	2	2
河南大学	1	1	水泥48	4	3
洛阳理工学院	1	1	29	2	1
河南师范大学	1	1	塑胶5 水泥29	3	1
郑州大学	3	1	28	5	5
河南牧业经济学院	1	2	37	3	3
河南科技学院	1	1	33	1	1
河南城建学院	1	2	33	3	3
焦作师范高等专科学校	1	5	13	1	1
焦作大学	1	2	30	2	2

在高校体育场馆使用及体育课程安排中，某些体育运动项目场馆也可以理解为综合性体育场馆，如舞蹈馆，不只是舞蹈课程使用，健美操、瑜伽、形体等课程都可以使用舞蹈馆。

二、河南省高校体育场馆的利用情况

（一）体育教学时间段闲置场馆利用情况

高校室外篮球场资源较为丰富，河南省高校在安排篮球课程、健美操课程、交谊舞课程、太极拳课程等时常常会利用到室外篮球场。在体育课程占用篮球场地的同时，由于篮球场地数量多、场地宽阔的特点，部分篮球场地处于闲置状态。针对这些闲置的体育场地进行利用率的统计，44%的教师认为本校公共体育课时闲置的体育场地较少，32%的教师认为非常少，只有4%的教师认为在上课时闲置体育场地较多。而学生则持有不同看法，39%的学生认为本校公共体育课时闲置的场地较多，10%的学生认为非常多。

实地调研中随机选取了两所高校，对其上公共体育课时篮球项目闲置体育场地进行统计。通过对两所高校上午后两节课时间段（5天）的体育场馆统计，室内篮球馆在上课时闲置场地较少，并且场馆管理规定上课时间段非上课人员禁止进入。6块标准的室外水泥材质篮球场，公共体育课程时间段教学平均使用3块标准篮球场地，由此可以看出上课时有一半篮球场未得到充分使用。现实条件下教师与学生的意见产生了分歧，多数教师从教学使用室内馆和使用室外场地情况综合认为公共体育课程时闲置体育场馆较少，学生从使用需求角度看，认为公共体育课程上课时闲置场地较多。

河南省高校体育场馆上课时间段里使用率较高，62%的学生认为，体育课时间段里由于课程安排，10%的学生认为体育课程时间段里可以使用到闲置体育场馆。13%的体育教师认为，上课时闲置场馆也可以得到有效利用，65%的体育教师认为，从体育场馆课堂纪律、秩序、避免外界因素干扰和保证教学质量角度出发，在上课期间闲置场馆是不可以对外开放的。

（二）非体育教学时间段体育场馆利用情况

非体育教学时间段是高校体育场馆有偿开放或无偿开放的最重要时间段，同时也是室内场馆使用率最高的时间段。河南省高校公共体育课排课时间集中于第三、四大节（上午后两节）和第五、六大节（下午前两节），据统计，公共体育课结束后，17：00～19：00是高校体育场馆利用率最高的时间段。73%的教职工及在校学生认为，非公共体育课上课时间可供体育活动使用的室外体育场地较多。在此时间段河南省高校部分室内体育馆面向校内人群和社会人群有偿开放，18%的学生认为在此时间段可以享用到室内体育馆，53%的学生认为非体育教学时间段，由于室内体育场馆多数有偿开放形式，而选择室外无偿开放的体育场地。体育场馆管理人员认为，周一至周五工作日中的非公共体育课时间段，一部分室内体育馆提供给校体育队训练及专业体育课程使用，另一部分室内体育馆选择有偿开放，但是，周一至周五是工作日，校内教工与社会人群只有少部分会选择使用高校室内体育馆参与锻炼，非体育教学时间段高校室内体育馆使用率不足30%，尤其是6：00～10：00的时间，室内体育场馆闲置问题非常严重。

非体育教学时间段各高校体育场馆开放使用程度不同，有按时间段开放使用、按体育场馆性质开放使用、按体育运动项目开放使用等。体育运动项目不同，场馆利用率也有不同，如篮球、足球、排球、乒乓球、羽毛球、网球等热门体育项目体育场馆利用率较高，此类运动项目具有竞技性、对抗性和时尚性的特点，广受大众喜爱（表2–7），相对使用其场馆需求较高。还有一些体育场馆使用率较低，例如武术、体操等中国传统体育项目，由于专业性较强，如果无专业教练指导和保护还存在一些危险性，所以，此类运动项目的场馆使用率较低。

表2–7　最受喜爱的体育运动项目调查表

体育运动项目	选择人数（人）	占比（%）
篮球	58	29
足球	39	19.5
排球	10	5
乒乓球	37	18.5
羽毛球	22	11
网球	34	17

三、河南省高校体育场馆开放现状

根据运动项目、场地维护、社会需求等因素，河南省高校体育场馆分为校内外区别开放、分时段开放、有偿开放或无偿开放等多元化开放管理方式。随着《中华人民共和国体育法》《全民健身条例》等法律法规的出台，在国家大力支持高校体育场馆社会开放的趋势下，河南省各个高校逐渐重视高校体育场馆社会开放工作，但是实地调研发现实际操作较难，部分高校门卫管理与场馆管理不能有效协调（表2–8）。

表2–8　河南省高校体育场馆开放情况（10所高校）

开放情况	全部开放	部分开放	不开放
高校数量	1	9	0

（一）河南省高校体育场馆开放形式

我国高校体育场馆开放有不同的分类形式，从人物、时间、地点不同的角度分类，探寻更加合理的开放形式。河南省高校体育场馆开放形式包括有偿与无偿开放形式，这种开放形式基于体育场馆建设以及维护成本，将场馆分为有偿开放和无偿开放；分时段开放形式中有多种分时段方式，教学时间段与非教学时间段、节假日与课余时间、下午课余时间与晚上课余时间等分时段向社会开放；校内外区别开放，将使用高校体育场馆参与体育锻炼的社会人群分为校内人员和校外人员，根据区分人群安排锻炼时间段以及收费标准。

河南省高校体育场馆向社会开放时通常将三种开放形式结合，不同的时间段，不同的场馆，针对不同的人群开放。各个高校在社会开放过程中，选择开放形式的比重有所不同。

河南省高校体育场馆完全无偿开放的高校较少，多数高校根据体育场馆的种类、体育项目、维护成本等，采用部分体育场馆无偿开放与有偿开放相结合方式。通过调查发现，校内师生喜爱的体育项目排序为篮球、足球、网球，社会人群喜爱的体育锻炼项目集中于健身器械、羽毛球和瑜伽，可以看出不同的人群对运动项目需求也有所不同（表2–9），有偿开放过程中应对校内外人员区别开放。

表2–9　不同人群喜爱体育锻炼项目调查表

排序	校内师生	社会人群
1	篮球	健身器械
2	足球	羽毛球
3	网球	瑜伽

1. 无偿开放

无偿开放的场馆归为“公共品”，即那些为整个社会共同消费的产品。严格意义上讲，它是在消费过程中具有非竞争性和非排他性的产品，是任何一个人对该产品的消费都不减少别人对它进行同样消费的物品与劳务。

河南省高校普通体育场地应向社会无偿开放，无偿开放的体育场地具有数量多、面积大、室外无门禁、可容纳人数较多、无时间限制等特点，符合“公共品”的非竞争性和非排他性。如室外篮球场、网球场、田径场、乒乓球台，这些项目室外场地易维护，学校应该将此类场地设施无偿供应于社会人群及校内师生，并且无时间限定。所有无偿的社会化服务都是以提供室外体育场馆使用为主的，调查中可以发现，享受这种服务的群体主要有两大类，一类是一般会选择在早晨进行锻炼的老年人，他们以散步、打太极、抖空竹等活动项目为主，对场馆设施条件的要求不高，一般室外的场地都能够满足他们的健身需求；还有一类是没有固定运动时间和地点且收入水平不是太高的年轻人，他们大都很热爱运动，对场馆设施的要求也不高，高校无偿提供的室外体育场馆基本能满足他们的运动需求。

2. 有偿开放

《全民健身条例》指出，学校向公众开放体育设施的同时，可以根据维持设施运营的需要向使用体育设施的公众收取合理的费用。河南省高校体育场馆有偿开放项目主要集中于乒乓球、篮球、舞蹈、健美操、跆拳道、器械健身等项目，这些项目场馆设施的维护费用昂贵、易损耗，学校开设体育俱乐部面向社会人群及在校师生开放，可适当收取一定的费用来维护场馆的正常运作。

在对健身人群和高校体育教师与场馆工作人员的调查过程中，发现高校体育场馆有偿社会化服务的项目开展存在以下几个问题：

（1）高校体育场馆的社会化服务项目类型开展都相对集中和单一

据调查统计分析可知（表2-10），高校体育场馆所提供的有偿的社会化服务项目主要集中在：1）日常的场地租赁。这是高校体育场馆向社会大众提供社会化服务最简单、最有效率的一种方式，大部分高校根据场馆、项目的不同来收取高低不等的费用。像羽毛球馆、网球馆等都会向个人以办理会员或办理季度卡、年卡的方式提供租赁，而像室内的篮球场、室外的塑胶田径场（含座）、足球场等场馆设施一般都只向社会团体提供租赁。2）体育赛事、文化活动、商业会展等活动的承办。这种服务在要求校方提供场馆设施的同时，一般还会要求校方提供活动方案、提供人员参与组织协调管理。这种服务的需求相对较少，且享受这一服务的对象相对固定。3）体育项目的培训服务。这类服务的实质是场地的租赁，绝大多数高校是在为培训人员（这里的培训人员基本局限于高校的体育教师或者体育专业的学生）提供场地设施的情况下，从培训人员的培训费中抽取一部分费用作为场地使用费。培训项目也因培训人员而定。

表2-10　河南省高校体育场馆提供社会化服务项目情况统计表（N=10）

服务项目	提供服务的学校数量（个）
日常的场地租赁	10
体育赛事、文化活动、商业会展等活动的承办	8
体育项目的培训服务	9
体育健身、信息方面的咨询服务	0
健身方案制订指导服务	0
健身俱乐部	5
硬件配套设施服务（如商店、休息室、洗浴室、医疗室等部门的配置）	6

（2）高校体育场馆的社会化服务项目与健身人群所期望的项目类型存在一定的差距

随着社会的进步，人们的生活水平日益提高，对健康也越来越关注，根据对健身人群的统计分析，能清晰地看出，人们对除场地租赁、体育项目培训等之外的增值服务更感兴趣，越来越重视科学健身，而不只是盲目进行体育锻炼。在调查的高校中基本所有的高校都对外提供体育赛事、文化活动、商业会展等活动的承办，但大众对这个服务项目的期望值是比较低的。这主要是由于这类服务与大众个体的生活没有密切的关联，对他们的日常生活和需求影响不大。

所以，在高校体育场馆社会化服务项目的开展过程中，有很多问题值得高校管理层及相关部门重视，只有完善服务项目开展的结构，丰富服务项目开展的类型，对场馆有一个统一有效的管理办法，才能更好地满足社会大众更高层次的要求，提升高校自身的社会效益和经济效益。

（二）开放对象与时间

河南省高校体育场馆开放对象主要有在校师生及家属、学校周边人群、社会个人、社会团体及单位，可分为校内人员和校外人员两种类型。有偿开放的体育场馆以非上课时间段为主，为17：00～19：00，人群主要有校师生、家属、社会个人。部分高校晚上没有体育课程，参与体育锻炼人群多是校外人员，时间是19：00～21：00。社会团体、公司、单位临时承包学校体育场馆，开展小型运动会，高校体育场馆管理部门基本将此类人群利用体育场馆安排在节假日。早上上课前，校内教师、家属会利用校内无偿开放的体育场馆晨练。

（三）开放利用率

河南省高校室外无偿开放体育场地的利用率高于室内有偿开放体育场馆，校内人员利用率高于校外人员。例如，室外篮球场多为水泥场地，河南省各高校均建有室外篮球场地，相对其他体育项目资源较为丰富，篮球运动也更受群众欢迎，下午课后室外篮球场地使用率能够达到71%。然而，室内篮球馆使用率较低，室内篮球场材质多为木地板，场地造价高，维护费用较高，有偿开放收取费用高于其他运动项目场馆收费，上课时间也少有社会团体、单位来使用室内篮球场。调查发现，上课时间有偿开放的室内篮球场使用率为7.5%，周末使用率提高至23.3%。不同的体育运动项目，室内有偿开放与室外无偿开放使用率差距较大。

（四）开放经营情况

国家体育总局颁布的《体育场馆运营管理办法》指出，体育场馆应当坚持公益属性和体育服务功能，按照以体为本、多元经营的要求，突出体育功能，强化公共服务。根据河南省高校体育场馆经营情况，大致分为有偿开放和无偿开放两类，有偿开放中包括俱乐部模式、承包模式、会员模式等多元化经营。河南省高校体育俱乐部模式开放的体育运动项目主要集中于球类运动，如网球、乒乓球、羽毛球等，各学校也根据各自特色体育项目开设俱乐部。河南省高校承包模式开放运动项目主要集中于三大球项目（篮球、足球、排球），此类项目属于集体项目，河南省高校利用周末时间分时段将此类项目场馆承包给社会团体或单位。河南省高校会员模式开放体育运动项目主要集中于健身房、瑜伽、形体健美等运动项目，实行会员制收费开放，部分高校会员制将校内人员和校外人员区别收费，校内人员持学校证件享受优惠。个别高校体育场馆经营完全使用会员制，所有有偿开放运动项目都实行会员制。河南省高校体育场馆无偿开放体育项目主要集中于田径、篮球（室外）、足球、运动器械（室外）。

1. 分时段开放形式

河南省高校课后时间段开放率较高，上课时间也存在场馆开放现象，但利用率较低。调研中对10所高校大二体育课程表做了统计（表2–11），如果按照每天上午、下午、晚上共10个课时计算，一、二节时间为8：00～10：00；三、四节时间为10：00～12：00；五、六节夏令时为15：00～17：00；七、八节夏令时为17：00～19：00；九、十节夏令时为19：30～21：30。体育教学时间主要安排在上午后两节、下午前两节，专业体育课程和运动队训练时间安排集中于下午后两节或晚上九、十节（专业课只占用部分场馆），个别高校第一、二节和晚上第九、十节也安排有少量的公共体育课程，河南理工大学6：20～6：50全校安排早操。

表2–11　河南省高校体育课程主要集中时间段

周一	周二	周三	周四	周五	周六
上午1、2 8：00～10：00	—	—	—	—	—
上午3、4 10：00～12：00	公共体育课 98%	公共体育课 98%	公共体育课 98%	公共体育课 98%	—
下午5、6 15：00～17：00	公共体育课 98%	公共体育课 98%	公共体育课 98%	公共体育课 98%	专业体育课 及训练
下午7、8 17：00～19：00	专业体育课 及训练	专业体育课 及训练	专业体育课 及训练	专业体育课 及训练	—
下午9、10 19：30～21：30	—	—	—	—	—

除体育课程上课时间以外，课余时间主要有四个时间段，早上上课之前时间（6：00～8：00），公共体育课程安排较少的上午（8：00～10：00）、下午（17：00～19：00）、晚上（19：30～21：30）。

据调查，在早上锻炼时间段里，人们选择运动方式为晨跑、慢走、拉伸等运动量和强度较小的运动项目。因此，各高校将室外不易损耗的田径场地及健身器材无偿供校内及校外人员使用，城市新区的高校早上锻炼时间段，参与人员主要是校内人员，老城区的高校参与锻炼人员主要是校内人员和校外人员。走访中得知，河南大学（老校区）早上锻炼时间段，田径场对社会无偿开放，然而，田径场被社会人员自发组织的“暴走一族”占据，又出现了校外人员占据体育场地，校内人员无处锻炼的问题。

工作日的8：00～10：00，河南省高校体育场馆闲置情况严重，由于是上班时间、学生上课时间，在这个时间段参与体育锻炼的人群，大多数是没有课的学生和附近退休居民，据走访调查得知，8：00～10：00河南高校无偿开放的室外田径场使用人数不足50人。（走访中，周一、三、五8：00～10：00对河南理工大学田径场进行实地观察；周二、四8：00～ 10：00对焦作师范高等专科学校的田径场进行实地观察；并且随机抽取了河南牧业经济学院进行访谈得知在8：00～10：00田径场使用情况）

17：00～19：00是河南省高校体育场馆使用率较高的时间段。河南省各高校利用此时间段，将闲置的室内体育馆、室外体育场地对社会开放，其中，河南理工大学综合体育馆并不对社会群体开放。郑州大学除训练、专业课使用的场馆以外，所有闲置体育场馆均无偿对社会开放；多数高校对于维护费用昂贵的体育场馆，开放过程中要收取一定的使用费用；部分高校在此时间段，对某些项目场馆以体育俱乐部的形式对社会开放。

19：00～21：00，各高校开放情况区别很大，开放形式各不相同。例如，开设体育俱乐部，临时包场等形式。河南理工大学在课余时间，针对校内外俱乐部或协会少量开放瑜伽馆或健美操馆。

以河南理工大学为例，部分体育场馆分时段向社会开放。田径场是日常教学利用率较高的场地，主要用于田径、太极拳、健美操等项目教学，非主要上课时间段，如每日19：00～21：00（夏令时）和周末全天，无偿向社会和在校师生开放。足球场在周末休息和法定节假日没有课程安排的时间段对社会开放。足球场地的维护和更新的费用昂贵，假期社会开放只针对社会单位或集体组织，以包时段的方式收取合理的维护费用。

2. 校内外区别开放形式

高校体育场馆社会开放面向社会大众，校内师生是主要参与群体。河南省高校对于校内师生和校外社会群众参与运动收费标准有所区别，校内师生持校园卡和教职工卡参加学校俱乐部时在报名费中可以优惠。河南省部分高校已配备刷卡电子设备，便于记录管理和区别对待。

河南省部分高校相关管理者忽视学校场馆的社会公共职能，狭义地认为学校场馆属于校内资源，不应承担社会公共职能。个别高校对外实施禁止入内，认为学校教职工属于社会人群，对教职工开放体育场馆就属于对外开放。此类问题也是河南省高校体育场馆对社会开放过程中普遍存在的现象。但是，校内人员属于社会群体的一部分，不能够代表整个社会人群。因此，高校体育场馆社会开放不应该局限于校内人员，在满足教学、训练、课外活动需求的基础上，应积极为向社会群体开放提供便利。

校内人员包括学校教师、职工、家属、在校学生，校外人员包括外单位、社会群体、运动协会、社会个人等。河南省高校体育场馆社会开放过程中，对校内、校外人员都存在区别开放，对校内人员使用体育场馆有不同程度的优惠。

河南省多数高校室外无偿开放的体育场，无时间限制、无人群限制向社会开放。将有偿开放的室内体育馆面向社会开放时收取一定的维护费用。校内人员使用体育场馆优惠于校外人员。调研中，个别高校列举了校内外人员使用体育场不同的费用标准，洛阳理工学院采用学期内周一至周五工作日，课余时间段体育场馆均无偿开放，周末及节假日，易损耗体育场馆有偿开放。例如，网球场对内40元/小时，对外100元/小时；乒乓球、羽毛球场馆对内20元/小时，对外50元/小时；篮球、排球场馆对内60元/小时，对外150元/小时。河南理工大学则采用周一至周日室外（水泥材质）体育场无偿开放，室外足球场周末对外有偿开放（临时包场），室内综合体育馆课余时间有偿开放（因试运行阶段，暂时只针对校内人员开放），进馆学生收费为每人2小时3元，教职工为每人2小时4元，室内综合体育馆内部所有项目场馆均可使用。

四、河南省高校体育场馆管理方式

河南省各高校体育场馆的数量、规模差异较大，各场馆的性质、质量和功能也不同。河南省高校体育场馆管理方式呈现多元化发展态势，基本包括以下三种方式：体育教学部门管理、专设职能部门管理和综合性承包制管理（表2-12）。河南省各高校体育场馆三类管理方式，每一种管理方式都有它的优势和劣势。

表2-12　实地调研10所河南省高校体育场馆管理方式统计信息

管理方式	个数	百分比（%）	排序
体育教学部门管理	6	60	1
专设职能部门管理	2	20	2
综合性承包制管理	2	20	2

调研的10所河南省高校中6所高校采用体育教学部门管理模式，2所高校采用综合性承包制管理方式，2所高校专设了体育场馆管理职能部门，成立高校体育场馆管理中心（表2-13）。

表2-13　河南省10所高校管理方式

体育教学部门管理	专设职能部门管理	综合性承包制管理
河南大学	河南理工大学	郑州大学
河南师范大学	洛阳理工学院	河南牧业经济学院
河南科技学院	—	—
河南城建学院	—	—
焦作师范高等专科学校	—	—
焦作大学	—	—

河南省多数高校依然采取体育教学部门管理方式，体育教学部门系统管理体育场馆，沟通使用体育场馆、体育设施、器材较为方便。目前，正处于我国大力推动高校积极发挥公共职能的关键时期，基于高校后勤管理社会化发展以及高校体育场馆公共职能发挥的要求，河南省部分高校积极探索更加完善的体育场馆管理新体系。这些高校转变体育教学部门管理方式，积极探索新型管理方式。欧洲国家高校体育场馆公共服务性质较显著，各高校有着不同的体育场馆管理模式，如休闲式公共体育场所管理模式、商业性公共体育场馆管理模式、混合式公共体育场馆管理模式等，在我国大力推动高校公共职能的时代，可供高校体育场馆社会开放管理借鉴。

（一）体育教学部门管理

体育教学部门对高校体育场馆的管理具有直接性，体育场馆的管理权归体育教学部门所有，体育教学部门的上级是学校，体育场馆的管理人员多为兼职体育教师和招聘临时工，河南省牧业经济学院招聘勤工俭学在校学生负责体育场馆的卫生以及门卫。体育教学部门场馆管理工作分工不明确，承接比赛、器材维护、场馆开放等工作无专业部门管理，无专业管理人员策划和筹办，造成管理不够系统（图2-1）。

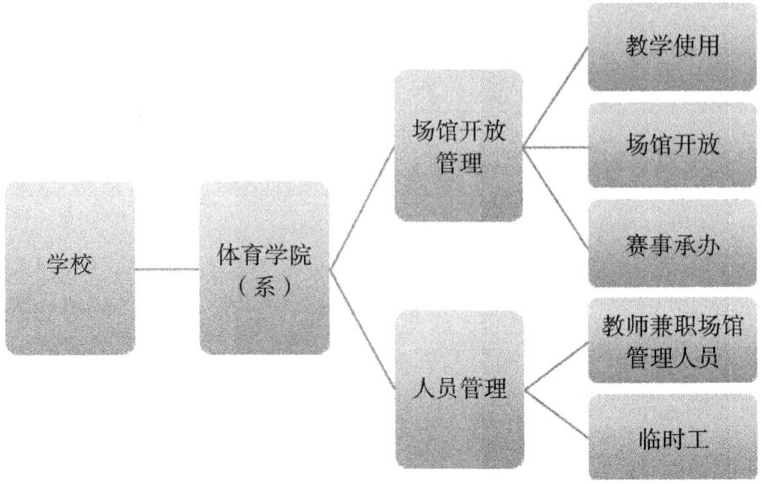

图2-1　体育教学部门管理方式结构

体育教学部门管理是各高校采用的最为广泛的一种管理方式，便于各部门安排协调体育课程、训练、举办赛事等。对于场馆的开放有自主性，这种管理方式要区分有偿开放场馆和无偿开放场馆。无偿开放的场馆设置工作人员进行管理，有偿开放项目的场馆指定教师或教练员进行管理，做到“一人对一馆”，且有偿开放的项目都开设了体育俱乐部，汇总后由学院统一管理。这种管理方式的优势在于场馆管理的专业性，每个项目场馆指定的管理人基本是该项目的教师或教练员，对该项目场馆利用和器材使用都具有较高的专业性，便于场馆日常的运行和维护。体育教学部门管理弊端在于人力投入过大，体育教师除负责日常体育教学之外，还要负责体育场馆的开放管理、俱乐部管理、器材维护等，这种管理方式另一个弊端在于重视体育场馆收益，忽视了场馆的管理性、使用的公共性。

（二）学校职能部门管理

学校职能部门管理是针对体育场馆的运营与管理专门设置一个部门，如学校体育场馆管理中心，由专职人员管理体育场馆，与体育学院协调合作。部门主要职能为负责体育场馆的管理工作，以及承办比赛及大型活动、体育场馆冠名、针对社会开放、设施维护等具体工作。

学校职能部门管理方式，是高校中体育场馆管理的新型管理方式。学校专设一个高校体育场馆管理中心对高校体育场馆进行管理，将体育教学部门和体育场馆分离，相互独立，两个部门之间相互协调开展体育工作，而不是传统的隶属关系，同时，管理权不再属于体育教学部门，场馆管理中心具有高校体育场馆管理权，场馆管理中心直属学校管理。体育场馆管理部门根据财务管理、教学用馆、场馆开放、赛事承办等管理工作设置专业科室，使高校体育场馆管理逐渐形成体系。

以河南理工大学体育场馆管理方式为例，从体育学院管理方式转型为学校职能部门管理方式（图2-2）。学校特设体育场馆管理中心，从体育学院正处级部门分支出去的副处级独立部门，体育场馆管理中心设置服务运营部、运营保障部、物业部科室为科级部门，体育场馆管理中心主任为副处级干部。学校职能部门管理方式存在很多问题，例如，体育场馆管理中心从场馆管理成本和对外有偿开放角度出发，而体育教学部门从教学使用角度出发，两者利益出发点不同，容易造成沟通不畅。

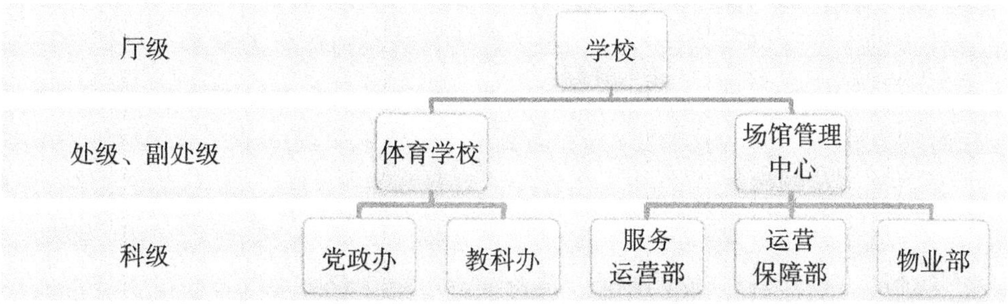

图2-2　河南理工大学学校职能部门管理方式结构

（三）综合性承包制管理

综合性承包制管理是将高校部分体育场馆委托第三方经营，使部分场馆利益最大化。有学者称为委托代理模式，即双方不以“产权”关系为条件，而是典型的“契约”关系，经营权与所有权分离是其主要的表现形式。“委托代理模式”是将高校所有的体育场馆委托于“第三方”管理，也就是将高校体育场馆管理权委托于“第三方”，体育教学部门自身只保留教学时间段使用权（图2-3）。综合性承包制管理不同的是，体育教学部门只是将部分场馆的经营权委托于“第三方”，体育教学部门对其监管。大部分体育场馆仍然由体育教学部门管理，体育教学部门仍然保留高校体育场馆的管理权。

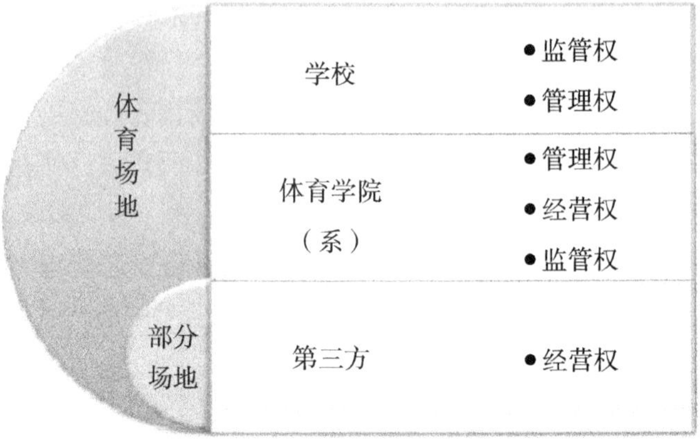

图2–3　综合性承包制管理方式

不同类型场馆采用不同的管理模式，主要体现在管理性质不同和管理主体不同。部分体育场馆或个别体育项目场馆对外承包，委托第三方代理方式，用来对外承接大型赛事与社会开放。而多数体育场馆由体育教学部门管理，用来安排学校日常体育课程。这种新颖的管理方式也是近年来部分高校尝试的体育场馆管理方式。

综合性承包制管理方式的优势在于高校体育场馆对内、对外的使用分工明确，体育教学部门管理部分有效地保障了高校体育课程及训练的使用。承包方场馆管理则有效地利用体育场馆，有助于市场化开发，承接各类体育赛事及社会开放。综合性承包制管理方式的弊端在于，管理主体的出发点不同，体育学院（系、部）管理方以满足学校体育课程和学生体育锻炼需求为出发点，注重无偿与公共效益，而承包管理方则以最大限度地利用体育场馆，使体育场馆盈利开放为出发点，两者出发点不同，难以协调统一。

五、河南省高校体育场馆经营管理状况

高校体育场馆社会开放过程中存在体育场馆维护成本，依据《全民健身条例》等政策、法规，高校体育场馆社会开放可收取一定的费用，用来维护体育场馆，但必须以非营利为目的。如何有效地利用高校体育场馆，在满足社会需求的前提下，以合理的收费和管理方式最大程度上填补高昂的维护费用，是河南省各高校体育场馆管理积极探索的重要问题。据了解，河南省高校场馆经营主要有高校开设体育俱乐部、高校体育场馆冠名权、高校体育场馆内部广告等收费经营方式。

（一）体育俱乐部经营

高校将部分热门体育运动项目以体育俱乐部方式向社会开放，是高校体育场馆社会开放中常见的经营方式。河南省高校根据学生喜爱的运动项目和学校自身体育发展特色，不同程度地以体育俱乐部方式面向社会有偿开放。会员收取适当费用维护运行，不以营利为主要目的，各高校严格按照国家《全民健身条例》规定，开设体育俱乐部的项目主要集中于室内维护费用较高的运动项目。向使用体育场馆的公众收取合理的费用，主要费用用于场馆维护。

开设体育俱乐部是河南理工大学体育场馆开放中的重要方面，经国家有关部门审核通过，获批国家级俱乐部，即“华光青少年体育俱乐部”，经营项目有乒乓球、跆拳道、瑜伽、羽毛球等。开设项目的选择主要考虑三方面因素：场馆维护成本、针对的人群及年龄、群众喜爱的项目。

（二）场馆冠名权经营

体育场馆冠名通常有两种，一是出资方前期投资建设冠名，二是后期冠名且每年付冠名费用。《大河报》2004年9月28日报道，郑州清华园房地产开发有限公司以150万元购得郑州航海路体育场5年的冠名权，郑州航海路体育场将更名为郑州清华园体育场。体育场馆冠名需冠名方投入大量资金或在体育场馆建设初期注入建设资金。实地调研得知，河南省高校中河南牧业经济学院更名前，在郑州牧业专科学校时期，乒乓球馆初期建设时由校方和某报社联合出资，但是，乒乓球馆未以报社冠名，校方将非教学时间使用场馆的经营权交予报社管理。据了解，河南省高校体育场馆管理中冠名经营环节极其薄弱。体育场馆冠名是体育场馆管理的重要组成部分，但河南省高校对于体育场馆冠名重视程度远远不够，体育场馆冠名高校可学习借鉴国外职业体育俱乐部体育场馆冠名经验。

（三）场馆内部广告经营

在大型体育赛事电视转播中经常可以看到，体育场馆内部墙壁、护栏或比赛以外的空余场地会设置悬挂、粘贴商业广告等，这种场馆内部广告经营为体育场馆增加收益。

河南省高校体育场馆内部广告经营现状并不理想，其根本原因是：广告经营意愿不强烈，缺少专业的营销方法，承接大型体育赛事少，商家得不到宣传效果，小型商家无力承担昂贵的广告费用。据了解，河南省各高校体育场馆在举办中小型体育赛事期间，体育场馆内部也会临时投放商业广告。

河南省高校体育场馆内部广告植入多为临时广告。体育场馆承办体育赛事期间，会临时植入广告，收取一定的广告费用，极少数高校体育场馆内部有长期广告植入。造成这种现象有多方面因素，从广告方利益角度分析，利用高校体育场馆举办体育赛事，参赛人员以及赛事观众人数较多，支付赛事期间少量的广告费用，得到较好的广告效应。而日常教学时间，河南省高校体育场馆校外利用情况较差，广告辐射效应较窄，无须支付高昂的广告费用于长期广告植入。

第二节　河南省高校体育场馆社会开放与管理存在的问题及影响因素

一、存在的问题

（一）数量问题

截至2014年第六次全国体育场地普查报告统计，河南省体育场总数为82668个，总面积为8907.6万平方米，其中体育系统体育场馆数量为917个，面积为574.02万平方米，占河南省体育场馆总面积的6.44%。教育系统体育场馆数量为46315个，面积为6319.44万平方米，占河南省体育场馆总面积的70.94%。普通高等学校体育场馆数量为2747个，面积只有459.1万平方米，占河南省体育场馆总面积的5.15%。中小学体育场馆数量为42447个，面积为5647.8万平方米，占河南省体育场馆总面积的63.4%。

体育系统体育场馆仅用于专业运动员训练，不针对社会开放。教育系统中中小学体育场馆资源数量较多，但是为保障学生的学习环境、便于管理，中小学也不针对社会开放，极个别中小学周末开设少儿体育俱乐部，针对在校中小学生开放。高校有义务承担起公共体育事业的责任，而且高校体育场馆及体育设施较为专业，但是，数量以及面积较少，满足不了社会需求。部分高校以限制开放时间、限制开放场馆数量、限制开放运动项目等控制高校体育场馆参与体育锻炼的社会人员。河南省高校体育场馆在供不应求的问题下，又出现了大面积的闲置问题。

（二）维护资金及使用问题

高校体育场馆前期建设以及后期维护都是一笔不小的资金投入，前期场馆建设需投入巨额资金。高校体育场馆主要职能是提供高等体育教育和运动训练，所以，高校体育场馆专业程度较高、体育设施完善、规模较大，体育场馆规模越大其相对建设资金越高。近年来全国体育场馆数量不断增加，河南省高校纷纷建设新校区，高校体育场馆数量也在迅速增加。高校体育场馆后期维护要定期投入费用，包括维护费、人员薪金、运营管理费用、易消耗品等。

1. 室外体育场地

河南省高校室外体育场地需要频繁维护，维护费用也成为高校体育场馆管理中存在的问题，室外体育场地后期由学校后勤部门负责维护。现实情况中，这种模式并不合理，导致出现了相互推诿的情况。后勤部门认为体育场地后期维护应由体育场馆管理部门负责，体育场馆管理部门认为室外体育场地属于学校公共用地，后期维护应由学校后勤部门负责。

2. 室内体育场馆

①河南省高校室内体育场馆体育设施、器材完善，由于体育运动项目不同，体育器材设施繁多，涉及运动项目专业性强，维护体育设施、器材的专业人员费用等后期维护费用高于室外体育场地。

②河南省高校对于室内体育场馆公共开放，控制了开放时间、开放运动项目、开放人群和收取费用，尽可能地减少室内体育场馆与器材的消耗，降低室内体育场馆的运营成本。

③部分高校室内、室外体育场馆除上课时间段，一律无偿面向社会开放，但现实情况是社会人员无法进入高校场馆。例如，郑州大学所有体育场馆均无偿开放，只要能够进入便可使用，现实情况是除上课时间段，室内体育场馆大门紧锁，根本无法进入使用。河南理工大学严格控制社会人员进入校园，社会人员连学校大门都无法进入，更无法使用高校体育场馆进行锻炼。

（三）供需矛盾问题

河南省高校体育场馆呈现出供需矛盾问题，体育场馆数量少，而使用体育场馆需求方多，但课余时间体育场馆大量闲置，造成专业化体育资源的浪费。

体育系统体育场馆仅用于专业运动员训练，不针对社会开放。教育系统中，中小学体育场馆资源数量较多，为保障学生学习环境、便于管理，针对社会开放极少，个别中小学校周末开设少儿体育俱乐部，针对在校中小学生开放。由此可见，高校体育场馆社会开放潜力较大，应承担更多的社会公共职能。

通过对已对外开放的高校体育场馆负责人对体育场馆资源能否满足本校需要进行调查，结果显示，河南省目前只有1所高校的体育场馆能满足本校学生教学、训练和师生进行课余体育锻炼的需要，而绝大部分高校目前的体育场馆还不能满足本校师生的需要。另外，随着我国高校学生因锻炼身体对体育场馆需求不断增长，河南省高校体育场馆可能更加匮乏，更难满足高校师生对运动锻炼的需求。因此，各高校应在加大体育场馆设施建设力度的同时，因地制宜，最大限度利用学校空地，合理规划、科学布局，巧妙地利用楼群之间的空地，合理设置健身设施，以解燃眉之急，如在教学楼之间设置爬竿、梅花桩、攀登架；在公寓楼前，可安放单、双杠，这样既方便学生课间体育锻炼，还可缓解体育场馆和设施不足带来的窘迫，为入校参与体育锻炼的群众提供更多场地设施。

（四）管理与服务制度

高校体育场馆管理机构以体育部门和场馆中心两类管理机构为主，其中体育部门直接管理占多数，且社会化服务没有专门的社会化运作机构。调查结果表明，高校体育场馆社会化服务模式管理机构依然比较保守，以传统的体育院系和场馆中心直接管理为主，缺少社会化运作机构。造成这一现状的原因主要是学校缺少政策、资金支持，多数体育场馆没有完善的融资机制，主要依靠学校的资金支持，而学校的资金有限，分配给体育场馆的比例有限，这不仅制约着场馆的建设服务，也影响着场馆管理人员的配备以及制度建设、市场化运作。

高校体育场馆社会化服务模式的高效运转离不开良好的制度保障，目前高校体育场馆管理机制对外社会化服务认知程度普遍较低，对于如何提高管理服务水平、创新服务内容缺少清晰的认识，在各种对外服务制度建设上，基本延续了场馆对校内教学服务的相关制度，但是学校体育教学的场馆使用与社会化场馆使用虽然存在一定的相关性，但在需求层次、需求内容、需求质量等方面与体育教学存在差异，而当前各项服务制度建设的滞后，在一定程度上影响着高校体育场馆的社会化服务水平。尤其在近几年，相关文件要求高校体育场馆需对社会健身市民开放，大部分学校在执行过程中实行被动向社会开放模式，没有主动想办法去吸引市民前来健身活动。

（五）高校日常教学、师生课外活动、社会开放三者使用场馆博弈现象

据调查了解到，河南省高校内部不同使用方，如专业教学、公共教学、训练、课外活动等，从自身角度出发，使高校体育场馆整体利益受限，不能合理、高效地利用场馆资源，内部使用率低，场馆资源社会开放潜能无法有效释放。高校体育场馆使用方式有三种，日常教学使用、师生课外活动使用、社会人员锻炼使用。服务体育教学和体育活动是高校体育场馆的根本任务，在满足校内体育活动需求的基础上，让在校师生及社会群众在课余时间能够共享公共资源。

1. 高校日常教学使用体育场馆利益角度分析

高校体育场馆日常教学包括公共体育选修课、专业课、运动队训练，是高校体育场馆的基本职能。通过调研发现，高校日常教学、校内师生课外活动、社会开放三者使用体育场馆的权重排序中，高校日常教学是第一位（表2-14）。

表2-14　使用体育场馆的权重排序

选项	教师问卷结果	学生问卷结果	社会人员问卷结果
日常教学-课外活动-社会开放	98%	81%	54%
日常教学-社会开放-课外活动	2%	10%	25%
社会开放-日常教学-课外活动	—	9%	13%
社会开放-课外活动-日常教学	—	—	1%
课外活动-日常教学-社会开放	—	—	7%
课外活动-社会开放-日常教学	—	—	—

2. 校内师生课外活动使用高校体育场馆利益角度分析

在高校体育场馆社会开放过程中，校内师生是主流人群。河南省高校体育场馆社会开放均对校内师生设置优惠条件，校内、校外区别收费。

微观角度分析，高校师生课外体育活动丰富，河南省高校纷纷建设新校区，同时新校区多数位于城市的新区，距离市区相对较远，在校师生学习和生活环境区域相对固定，课余时间开展体育课外活动是河南省高校在校师生生活的一部分。

宏观角度分析，河南省高校除学生日常公共体育课程以外，阳光体育活动要求学校课外活动每天锻炼一小时。

3. 社会开放使用体育场馆利益角度分析

《全民健身条例》指出：高校应承担大众体育发展的责任。《普通高等学校体育场馆设施、器材配备目录》中，河南省部分高校的室内场馆和室外体育场地生均达到基本配置标准的为9.09% ~ 30.56%，河南省高校体育场馆的利用率达不到30%，出现使用率低、维护资金不足等现象。河南省高校体育场馆面向社会人员开放已是社会公共体育发展趋势。

“全民健身”已成为大众体育发展文化，而我国大众体育设施还不能满足群众的需求。高校具备专业的体育设施和规模较大的运动场馆，对社会开放既能够使高校的体育场馆充分地利用，又能够满足大众体育的需求。

（六）门禁问题

河南省部分高校相关管理者忽略学校场馆的社会公共职能，狭义地认为学校场馆属于校内资源，不应承担社会公共职能。个别高校对外实施禁止入内，称学校教职工属于社会人群，对教职工开放体育场馆，属于体育场馆公共开放。这也是河南省高校体育场馆社会开放过程中存在的问题。但是，校内人员属于社会群体的一部分，不能代表整个社会人群。因此，高校体育场馆社会开放不应该局限于校内人员，在满足教学、训练、课外活动需求的基础上，积极为向社会群体开放提供便利。

（七）缺乏相关政策及条例

与国外相比，我国学校体育场馆实行对外开放的起步较晚，但我国发达城市也陆续出台了学校体育场馆对外开放的相关政策和条例，如《深圳市学校体育设施对外开放管理规定》等。本研究在对河南省高校体育场馆对外开放管理的调查中发现，学校体育场馆对外开放缺乏明确的目标和范围，没有统一的指导性纲要指导和监督高校体育场馆对外开放实施的全过程。学校体育场馆开放并不是简单的打开校门，它是政府、社会、学校三方行为的有机结合。

（八）市场营销

经访谈调查，营销人员多数是学校的体育教师或者工作人员，他们缺乏对场馆市场化运作的了解，在营销策略、方式等方面能力不足，营销水平不高。场馆市场化运作的经费保障也是场馆对外服务的有偿费用支出，因费用有限，不足以开展市场化场馆运作。

（九）反馈评价

高校体育场馆社会化服务水平的提高离不开服务反馈评价，通过对目前体育场馆社会化服务反馈评价情况进行调查，发现目前高校仅少数有反馈评价，且反馈评价机制不完善，人员组成临时化。

二、影响开放因素

（一）管理者意愿

高校体育场馆管理者社会开放意愿不强烈，仅限于教学使用体育场馆主观意识，忽视了高校体育场馆公共服务职能。尤其是采用体育教学部门管理方式的高校，体育场馆管理人员多为体育教师，部分教师认为高校体育场馆能够满足体育课程使用即可，没有必要向社会开放，社会开放体育场馆反而会影响日常教学。新公共服务理论提出，职能部门应服务于社会，政府职能应该由“划桨”走向“掌舵”。

（二）管理理念

学校职能部门管理方式下的场馆经营理念是制约场馆社会开放的因素之一，高校体育场馆管理中心以场馆利益最大化为出发点，有偿开放费用定价过高。走访调研中发现，河南省部分高校有偿开放收费过高，例如，足球场、网球场馆、室内篮球馆等场馆均价200元/小时，高昂的费用限制了使用人群，多数人群转而选择无偿开放的室外体育场地。

（三）政府监管

地方政府监管力度不够，高校体育场馆社会开放程度、收费标准、开放时间及数量是否符合国家颁布的法规、章程等要求，政府部门对其没有衡量标准。

（四）位置及信息因素

河南省高校纷纷建设新校区，新校区多数处于城市的新区，距离人员密集的老城区较远，是现实影响因素。以河南理工大学新校区为例，距离市中心20～30分钟车程，步行需1～2小时，居住在老城区的居民工作日很少会选择到河南理工大学新校区进行锻炼，只有周末会驱车到学校进行体育锻炼（足球项目明显）。社会人群对于高校体育场馆社会开放不知晓，侧面也反映出高校体育场馆社会开放宣传力度不够。

（五）居民体育消费水平

随着社会发展，人民生活水平不断提高，健身意识也不断地增强，人们自愿把部分资金投入健身方面，即“花钱买健康”。但河南省属于经济欠发达省份，人们的体育消费水平总体不高，这是导致目前高校体育场馆对外有偿开放还比较困难的重要原因之一。这与我国发达地区城市居民体育消费支出还存在很大差距。造成我国体育消费水平比较低的主要原因：一是我国社会经济发展跟发达国家相比还存在一定差距，人民生活从温饱型向小康型过渡，居民收入还不够高，对文化娱乐消费支出偏少；二是受传统思想影响，消费观念、消费意识和消费结构还没转变，仍偏向于物质消费，消费结构以实物购置为主，体现在体育消费中就是偏向于购置运动服、运动鞋等实物，而对体育专业设备、专业场地等消费意愿不强；三是儒家重文轻武思想的影响，偏向于对文化知识的建设，对体育健身认识不足，没有把体育健身与精神健康等联系起来，体育价值观念比较落后。

（六）体育场馆公共服务市场化不足

随着改革开放的深入，我国体育场馆社会化服务也走上市场化改革道路，但还处在初期阶段。西方国家体育场馆社会化服务市场化改革已取得一定成绩，但因政治体制、改革背景、经济发展等不同，需要认真分析，摸索一条适合自己实际情况的改革道路。我国场馆社会化服务市场化发展相比西方国家还存在很多制约因素：一是市场制约。民间组织和私营企业组织不成熟，自主性、自治性、专业性和服务性作用较弱，还不能完全承载大型体育场馆公共服务。二是制度制约。体育公共服务相关法制还不够完善，需要建设完备、健全的法律体系，通过对责任机制、绩效评估、监督机制加以规范，防范体育场馆公共服务市场化中不正当竞争和不规范管理。三是观念制约。大部分高校管理层对外开放意愿不强，认为学校体育场馆的主要任务是满足学生教学、训练等需求，出于对安全问题的考虑，认为若体育场馆对外开放，过多外来人员入校会对场馆正常管理秩序造成影响，给学校正常教学秩序、财产安全及人身安全带来隐患。同时，学校也担心发生外来人员在场馆内进行体育锻炼时因器材使用不当或器材老化等带来的意外事故，承担安全责任。

第三节　河南省高校体育场馆社会开放与管理的优化策略

一、河南省高校体育场馆社会开放与管理策略

（一）合理配置资金，保证体育场馆的日常运营

对于体育设施损耗以及资金来源问题，目前开放学校场馆的其他省市均有

不同的解决方法，如广州市、武汉市、南京市等从2006年起每年给开放的每所学校提供不少于两万元的补贴；武汉长青中学、武汉四中、武汉生物工程学院等委托经营单位来经营，双方签订协议、明确责任、学校监督，在器材的维护和使用上实现双赢。上海采用政府购买服务的方式，为管理人员支付一定的场地管理费，还通过体彩拨款、社区合办、企业承包的方式来解决经费不足的问题，在政府主导下，通过财政税收等部门联动在各项政策上给予优惠和支持。

在加强管理、减少损耗的同时，应寻求政府的更大支持，通过政府补助、社会捐赠、收费所得等对器材进行维修、添置，保证开放顺利进行。

（二）调控体育场馆的数量及管理方式，解决供需矛盾

针对河南省部分地区的高校体育场馆数量以及面积较少、达不到社会需求的问题，政府和高校有责任也有义务修建更多体育场馆，完善体育设施，满足公众需求。对于河南省高校体育场馆大面积闲置的问题，高校的体育管理系统应该调整或取消对于开放时间、开放场馆数量、开放运动项目的限制，鼓励更多民众到体育场馆参与体育锻炼，解决河南省高校体育场馆大面积闲置的问题。通过调整体育场馆的数量及管理方式，使体育场馆和体育设施得到充分利用，让高校承担起更多的发展公共体育事业的责任。

（三）调和高校日常教学、师生课外活动、社会开放三者冲突

从体育设施资源的数量和质量来看，学校具有一定的优势，由于政府在投入建设时要兼顾“使学生掌握体育基本知识，培养学生体育运动能力和习惯”和“提高学生运动技术水平，为国家培养体育后备人才”的双向目标，因此在体育设施的种类、质量和数量上都需要给予充分的保证。

虽然由教育体制造成的河南学校体育设施使用效率低下的状况在短期内无法从根本上得以改变，但是从另一个角度来看，恰好能够为资源的重新配置与使用提供机会。因为从整个国家的体育设施总量来看，仍然存在投入水平不高，无法满足群众的体育锻炼需求的现象，如果将“闲置”的资源为“不足”的资源领域所利用，不仅可以提高有限资源的使用效率，更有助于实现资源的共享和效益的最大化。在协调三者利益时，应重点注意“场地设施的损坏”“治安问题”“使用者的安全问题”“管理成本增加”和“影响正常教学秩序”等关键方面。

（四）面向社会受众群体，实现资源优化利用

近年来，随着《中华人民共和国体育法》和《全民健身条例》的深入实施，人们渴望健身、追求健康生活方式的意识日渐提高，然而却面临体育场地严重缺乏的困难。高校体育场馆设施作为社会资源的重要组成部分，面对全民健身对体育资源的需求与社会体育资源相应匮乏，迫切要求开放学校体育场馆，实现体育资源的社会共享。高校领导和体育场馆管理者应进一步提高认识，注重高校体育场馆长期的社会效益，应该认识到学校体育场馆对外开放，不仅可以缓解广大群众日益增长的健身需要和体育场馆设施不足的矛盾，推动《全民健身条例》的实施，而且向社会开放体育场馆也是直接为社会服务。因此，高校体育场馆社会开放不应该局限于校内人员，在满足教学、训练、课外活动需求的基础上，积极向社会群体开放。

（五）加强法规建设，健全各种规章制度

为推进体育事业的发展，应认真贯彻体育法规制度，加强监督管理工作，依法管体，把学校体育场馆管理的发展纳入法制轨道，加快体育立法进程，这是推动高校体育场馆对外开放向健康、有序、规范方向发展的重要保障。世界上许多国家都通过立法对体育的各个方面做出了比较全面的规定，其中学校体育场馆开放是很重要的一个方面，国外体育政策为学校体育场馆的建设、管理、开放提供了强有力的保障。

在2010年“全国学校体育场馆向社会开放试点区工作会议”上，时任国家体育总局副局长冯建中着重强调：要充分调动和发挥各级政府的主导作用，形成政府主导、社会关注、相关部门分工负责、齐抓共管的工作局面。为使河南省高校体育场馆对外开放工作健康、深入和持久发展，各高校应加强与有关部门的联系与合作，结合本校实际情况，就体育场馆开放问题制定政策制度及管理办法，以保障高校体育场馆开放向法制化方向发展，做到有法可依。例如，高校加强与体育主管部门的联系，在体育场馆实行对外开放中争取更多管理经验上的支持和指导，与体育局群体处合作，将高校体育场馆定点为全民健身活动基地；与体育局青少年活动中心合作，将高校体育场馆建成青少年健身俱乐部；与教育局有关部门共同设立高校体育场馆开放统筹部；与学校周边社区居委会共同组织群众锻炼管理委员会等合作方式。明确各有关部门在高校体育场

馆开放中的责、权、利等问题，做到各尽其职。

二、河南省高校体育场馆使用主体利益的优化策略

（一）转变思想意识，调整高校体育场馆管理结构

我国经济改革给许多领域都带来了无限机遇与挑战，体育产业就是当前社会经济体制变革中发展起来的新兴产业。随着我国高校体育改革的不断深入，高校体育的功能和作用已从传统、单一的体育教学模式逐渐向多元化方向发展。新的变革对高校体育提出了更高的要求，高校管理者要转变观念，充分利用高校体育资源，实现多种管理模式并存。根据体育场馆的不同特点和经营管理的现状，加大场馆管理体制改革的力度，将高校体育中可以产业化的部分合理开发并推向市场。高校管理者应树立新观念，抓住机遇，在不影响高校体育教学开展的前提下，坚持“以体为本，多种经营”的方针，通过高校体育场馆对外开放，适时地调整体育场馆管理模式和变革运行机制，由事业型向公共事业型转变，为社会提供多样性的体育指导及其他功能的公共性服务的同时，实现高校体育场馆的自我补偿、自我更新，形成以体养体和公益化的有机并存，这是新时期高校体育场馆管理体制改革的必由之路。

（二）引进、培养体育经营管理人才，建立高校体育场馆专业化管理机制

现代经营活动的核心在于管理。在激烈的市场经济竞争中，高校体育场馆经营只有通过科学和规范的管理才能在自身经营中，寻求更好的经济效益和社会效益。做好管理工作最主要的是对人员的管理，管理人员的业务素质和管理水平的高低将直接影响经营管理效益。目前河南省高校体育场馆大多由学校教师编制的兼职人员管理，但这与高校体育教学的主要任务相矛盾，他们的精力应该主要集中在体育教学任务上，如果投入更多的人力、精力在体育场馆的经营管理上，则违背了教学原则，本末倒置。为解决这一矛盾，适应社会市场发展的需要，有效办法之一是将高校体育教学与高校体育场馆分开管理，引进、培养一批既懂体育运动发展规律又懂经营的专业管理人才，采用专业化的

经营管理模式，提高高校现有体育场馆管理人员的专业素质，确保高校体育场馆有序运行。在高校场馆所有权归属学校的前提下成立体育场馆管理中心或场馆处，将学校场馆的教学和经营分开管理，既可实现对学校体育教学、课外活动、运动竞赛等所需体育场馆的使用和体育场馆经营方式、经营手段、经营项目等经营方面分开管理，也可使高校体育教学部全身心地投入体育教学和训练中。而专业化的经营管理能减少不必要的经营费用，有效降低体育场馆的维护成本。高校体育场馆对外开放中与这种体育教学的硬件资源管理分开的方式，不仅是适应市场经济，走产业化经营之路的有效举措，而且能提高场馆使用效率，实现高校场馆的既有价值，创造更大的社会效益。

（三）注重媒体宣传，强化服务意识，树立良好的社会形象

高校体育场馆在对外开放的过程中，应注重适当的宣传，以扩大影响范围，吸引更多的体育消费者。现在报纸、杂志、广播和电视已成为新闻媒体的四大支柱，各高校体育场馆在实施对外开放中可通过电台、电视台、报刊、网络等媒体宣传，把社会体育与高校体育有效地结合在一起，最大限度地发挥高校体育场馆的多元化功能，创造更大的经济效益。同时，还应积极主动加强与校内外各有关部门的联系，如各高校可以与学校周边社区或居委会合作，建立学区体育模式，共同组织居民开展各种形式的体育健身活动。通过对居民体育锻炼需求的调查，把握居民的健身需求，为居民聘请社会体育指导员，按不同的体育锻炼项目和锻炼时间组成不同的健身小组，提供体育指导和咨询服务等。这样更有利于学校对锻炼群众的管理，形成学校、社区、家庭三位一体的体育健身网络，为全民健身的实施提供便利的服务，同时可使高校体育场馆资源发挥更大的社会功能。高校还可以加强与附近的企事业单位和中小学校的信息沟通，主动上门推介高校体育场馆向社会提供的服务内容和项目，并协助他们策划和组织运动会及各种类型的活动或比赛，争取更多的体育场馆出租机会。高校体育场馆通过与各有关部门的联系，不仅使场馆资源为社会共享，而且逐步树立了高校体育场馆服务社会、回报社会的良好形象。

三、河南省高校体育场馆开放管理建议

高校体育场馆因其特殊的社会角色和责任，其重要任务是为高校体育教学

和课外锻炼服务，因此高校体育场馆的经营活动，不同于一般意义上的商业经营，高校体育场馆在追求经济效益的同时更应该追求社会效益的最大化，体现服务社会的公益性特征。河南省高校体育场馆在开展经营活动前，应根据各高等院校的场地设施条件、本地区的经济发展状况特点和锻炼者的经济承受能力等因素，在坚持公益性的前提下，做出相应的经营决策。

高校体育场馆在保证正常体育教学秩序的前提下，可根据不同的时间段向不同的人群开放，充分利用现有体育场馆，提升体育场馆的经济效益和社会效益。调查发现，河南省高校在校学生使用体育场馆锻炼主要集中在周一至周五的课外活动时间。针对这一特点，高校体育场馆可以在不同的时间段对不同的人群开放。

（一）清晨面向老年人开放

根据调查，确定6：00～7：00向老年人开放，高校上课前这一段时间场地设施处于闲置状态，在清晨面向老年人开放也是资源配置的形式之一，以保证居民每天1小时的锻炼时间。开放形式为无偿开放，开放场地为室外所有可活动的体育场所，如田径场、篮球场等。

（二）课外活动时间、双休日面向学生开放

调查结果显示，课外活动这一时间段是在校学生锻炼的高峰时期，为满足广大学生的锻炼需求，确定周一到周五的16：00～18：00为在校学生的无偿开放时间，学生可以在学校各体育场馆进行锻炼。同时为满足不同学生的健身需求，各高校可以在双休日以有偿的服务形式开放体育场馆，学生可以根据自身需要，在专业的教练和固定的时间内，以有偿的形式参加各种体育社团和体育俱乐部的活动。

（三）傍晚、节假日面向消费群体开放

由于晚间和节假日在场馆的管理和维护上要花费更多的人力、物力的支出，所以傍晚和节假日的开放应以有偿的形式为主。傍晚开放时间为18：00～21：00，节假日开放时间为6：00～21：00，开放场馆为室内健身房、室内羽毛球馆、乒乓球馆和室外网球场等。

（四）寒、暑假面向社会团体、组织与单位开放

高校具有教学的规律性和寒、暑假的特点，在寒、暑假期间，高校可以以体育场馆为依托，用有偿的形式将场馆出租给社会团体、组织与单位举办各种形式的运动会、单项比赛或庆典活动等，并提供科学的策划和组织服务，使高校体育场馆资源为社会共享，全面提高场馆寒、暑假的利用率。

第三章　高校体育场馆社会化服务与管理策略

第一节　高校体育场馆服务理论

一、高校体育场馆社会化服务的价值分析

价值就是客体与主体需要之间的一种特定关系。所谓价值关系就是外界物（自然、社会和某种客体形式的意识形态）对主体人需要的肯定或否定关系，主要表现为利害关系或功利关系。价值是指客体的存在、作用以及它们的变化对于一定主体需要及其发展的某种适合、接近或一致。价值即客体对主体的效用、意义。

在价值关系中，一方是主体的需求，另一方是客体的功能，客体的功能满足了主体的需求，价值关系就形成了，对于主体而言，客体就是有价值的。因此，研究高校体育场馆社会化服务的价值，就必须从主体、客体及其关系入手。

（一）高校体育场馆社会化服务的复杂多元主体

主体就是社会实践中的人，在一定的情况下以群体的形式出现。在高校体育场馆社会化服务的实践中，有学生、校内居民、高校管理者、场馆管理者、健身指导员、场馆经营者、社区居民、社区管理者等主体。

以高校的地域范围为界限，将其分为高校内部主体和高校外部主体两类（图3–1）。

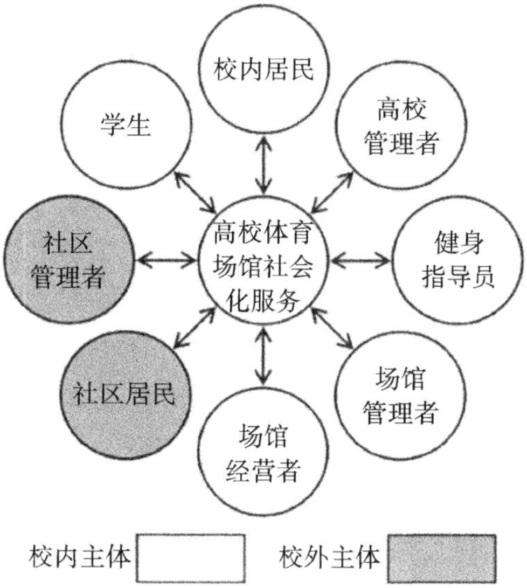

图3-1　高校体育场馆社会化服务主客体关系

根据各主体之间的关系，将他们分为消费者、提供者、管理者三类（图3-2）。这种分类方法从交易入手，更清楚地展现了不同类型主体之间的关系，故在实践中更具操作性。

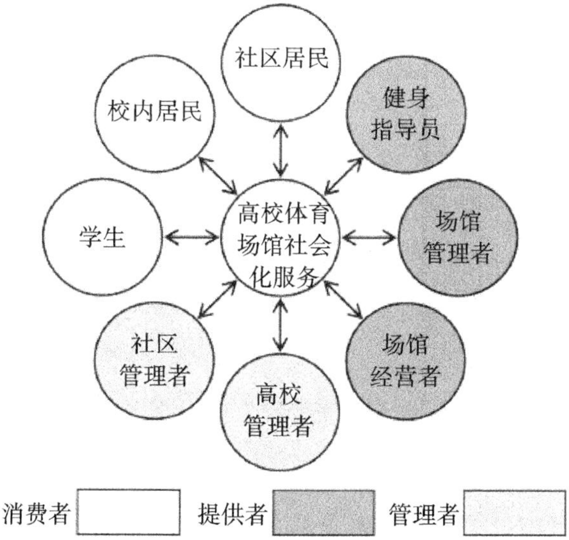

图3-2　高校体育场馆社会化服务的主体分类

1. 高校体育场馆社会化服务的消费者

高校体育场馆社会化服务的消费者包括学生、校内居民和社区居民。他们或使用高校体育场馆进行锻炼，或接受专业人员的技术指导，这都是消费行为，不论是否为此付费。

学生在校园内接受全面的教育，其中包括体育教育和训练。他们是高校体育场馆最直接的使用者和受益者，在课内进行体育技术技能的学习，在课外进行体育锻炼和活动。他们是高校体育场馆社会化服务最基本的消费者。

校内居民生活在学校的空间范围内，包括教职员工、家属等。由于单位制度的影响仍然存在，很多高校的教学区和生活区没有分开，校园仍是众多教职员工、家属日常生活中最熟悉的环境。他们的很多需求都能在校园内得到满足，包括在闲暇时间使用高校体育场馆进行体育锻炼。

社区居民指生活在高校周边社区，能够到高校进行体育锻炼的人。他们有体育锻炼的需求，而临近的高校能提供体育锻炼的场所和指导。

2. 高校体育场馆社会化服务的提供者

高校体育场馆社会化服务的提供者包括场馆管理者、健身指导员和场馆经营者。虽然他们不是高校体育场馆的所有者，但他们却是直接为高校体育场馆提供服务的人。

场馆管理者包括维修技师、售票员、场地管理员等。他们负责场馆的维护、管理和体育健身活动的组织。他们的劳动保证场馆设施的正常运转，指导服务的顺利提供。

健身指导员是健身指导服务的提供者。他们处在体育场馆服务的第一线，与消费者直接接触。

场馆经营者并不是一线的服务人员，很少与消费者直接沟通，不直接提供高校体育场馆社会化服务，但是他们负责场馆经营方案的制订、活动的策划，通过自己的劳动不断提升服务水平。

3. 高校体育场馆社会化服务的管理者

高校管理者指高校的高层决策者，他们一般不从事具体的事务性工作，而把重点放在发展战略的制定和决策上。在高校体育场馆社会化服务的实践中，高校管理者扮演着决策者的角色。高校体育场馆的建设、运营、维护等政策方针的制定都要他们来完成。

社区管理者的责任在于为社区居民提供各种生活所需的服务，使他们的生活更便利、舒适。

（二）高校体育场馆社会化服务的多重价值

高校体育场馆社会化服务与多主体构成了复杂的价值关系，形成了多重价值。

1. 高校体育场馆社会化服务对消费者主体的价值与影响

高校体育场馆社会化服务能增强场馆自身的造血能力，进而使服务的提供者有能力为消费者提供更高水准的服务，甚至提供更多的场馆资源。

由于社会化服务是有偿开放，学生和校内居民从免费使用场地到部分付费使用，他们的健身成本会增加。社区居民进入高校进行体育健身活动，可能带来因场地不足而造成的拥挤问题，从而影响学生、校内居民体育健身活动的质量。社区居民涌入高校会给学生和校内居民的生活带来消极影响，诸如校内环境的恶化和对安全管理的挑战。

2. 高校体育场馆社会化服务对提供者主体的价值与影响

高校体育场馆社会化服务对提供者提出了更高的要求，要求提升服务产品的供给量、供给水平，丰富供给内容，以满足对外开放的需求。人流的增加会提高他们的工作强度和难度，同时也会带来更高的收入。

3. 高校体育场馆社会化服务对管理者主体的价值与影响

对高校管理者而言，高校体育场馆社会化让更多的人使用校内体育场馆，可以提高场馆的利用率，从而减少经济负担。通过提供更好的服务吸引更多的人参与体育锻炼，有利于塑造高校在社区的形象。但是，更多社区居民进入高校校园，可能会影响校园的秩序和安全。

对社区管理者而言，高校体育场馆社会化服务给社区居民提供了更多、更好、更实用的体育场地，满足了社区居民的体育锻炼需求，对和谐社区的建设起促进作用。同时，高校体育场馆与社区内的场馆形成竞争关系，社区管理者也需要提升自身的服务水平。

二、高校体育场馆社会化服务价值体系的构建

为了便于分析，将高校体育场馆社会化服务相关的主体依照关系分为消费者、提供者和管理者三类。他们在实践中与高校体育场馆社会化服务形成不同的价值关系，构成了高校体育场馆社会化服务的价值体系。

（一）高校体育场馆社会化服务的核心价值

高校体育场馆社会化服务的实践中，消费者与其关系处于核心位置，只有消费者的健身需求得到满足，高校体育场馆的价值才能实现，场馆能够充分利用、经济收益能够提升。高校体育场馆社会化服务的核心价值在于向消费者（学生、校内居民、社区居民）提供优质的体育健身服务。由于高校体育场馆自身的建设目的和地域分布，这3个主体的重要性也有所区别，学生的需求处在核心位置，依次满足校内居民和社区居民的健身需求。

（二）高校体育场馆社会化服务的扩展价值

学生、校内居民、社区居民获得优质的体育健身服务后，他们能够为高校体育场馆社会化服务的提供者（场馆管理者、健身指导员、场馆经营者）带来收益。在消费者的需求得到满足后，服务提供者的需求也得到满足，扩展价值得到实现。

（三）高校体育场馆社会化服务的延伸价值

在核心价值、扩展价值都得到实现，消费者的需求得到满足，服务提供者的利益得到实现后，高校体育场馆社会化服务对管理者的价值也就实现了。当这种价值实现后，对于高校的管理者而言，场馆的利用率得以提升，学校的社会形象得以提升，社区管理者则能够为社区居民找到一个便利适宜的体育锻炼场所。

（四）高校体育场馆社会化服务的价值体系

依上述分析构建的高校体育场馆社会化服务的价值体系中，高校体育场馆

社会化服务与包含学生、校内居民、社区居民在内的消费者构成的价值关系处于核心地位，决定着其发展的方向，提供了其发展的源动力。高校体育场馆社会化服务与包含场馆管理者、健身指导员、场馆经营者在内的提供者构成了扩展价值关系。高校体育场馆社会化服务与包含学校管理层、社区管理者在内的管理者构成了延伸价值关系（图3-3）。

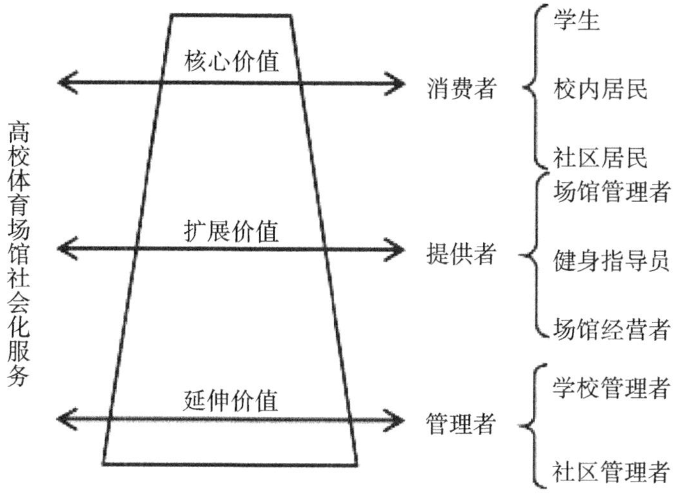

图3-3　高校体育场馆社会化服务的价值体系

高校体育场馆社会化服务是高校在满足自身体育教学、训练需求的基础上，将体育场馆向社会公众开放，提供体育场馆和体育锻炼指导服务的实践活动。开展高校体育场馆社会化服务是为了缓解体育场馆不均衡分布与群众体育锻炼需求广泛存在的矛盾，是为了促进群众体育的发展，是为了盘活高校资产、提高场馆利用率，是为了帮助高校更好地融入社区生活，发挥更大的作用。

三、高校体育场馆社会化服务模式

（一）理论基础

高校体育馆社会化服务使用时段由课程需求向社会需求转变。在满足在校学生及老师体育教学、训练以及体育运动需求的基础上，为社会民众提供运动场所满足他们的运动需求。通过共享高校场馆的社会化服务不仅可以缓解体育场馆短缺和不均衡分布与公众体育锻炼需求不断增长的矛盾，同时可以促进社会体育的发展，盘活高校资产，发挥更大的社会和经济效益。高校场馆服务人群范围由学生向社会居民扩大，向课程教学以外的社会民众提供服务。高校体育场馆余裕时间、空间资源是指课程教学以外的体育场馆闲置情况。针对校内和校外两大群体共享服务，我们应该保证高校体育场馆修建的主要功能，即优先满足师生的学习、锻炼、科研需要，在此基础上向社会民众开放，提供社会服务。

高校体育场馆的社会化服务模式是帕累托最优原则，以不损害各方利益为基础，且至少有一方获得利益如满足居民体育需求。服务戏剧理论通过把服务比喻成戏剧表演而形成一个恰当的诠释服务模式基本架构。高校体育场馆社会化需要在政府支持、企业帮助以及高校配合的条件下实现教学不耽误、居民体育需求满足的场馆社会化服务模式。服务戏剧理论的社会化服务模式包含演员（企业服务提供者）、场景（服务活动地点）、观众（师生和消费者等接受服务的人）和表演（服务过程）等服务要素，对演员、观众、场景和表演等要素进行组合，形成独特的高校体育场馆社会化服务模式（图3–4）。

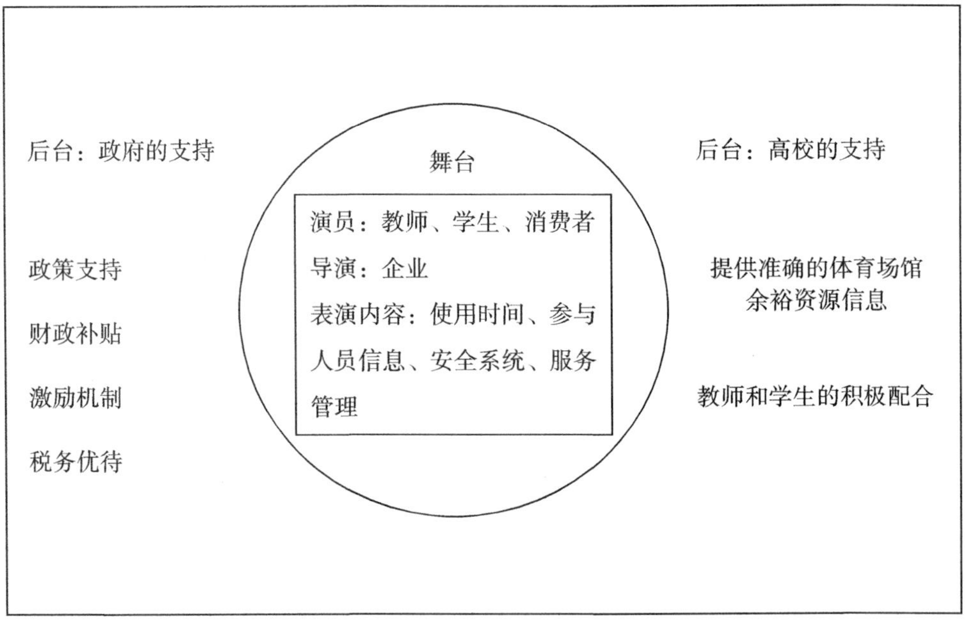

图3–4　高校体育场馆社会化服务模式

（二）高校体育场馆社会化服务三种模式SWOT分析

1. 高校自主运营社会化服务模式分析

高校自主成立场馆运营管理团队，自主管理场馆如表3-1所示。

表3-1　高校自主运营社会化服务模式SWOT分析

SWOT分析因素	主要内容
内部优势	高校以丰富的资源、雄厚的师资力量和学生资源作为发展后盾 学生借助平台完成社会实践课程要求，参与管理是学以致用的过程
内部劣势	学校缺少专业、有经验的经营管理人才，没有社会化市场运营的经验 缺乏软件开发资金和平台维护的管理人员 财务透明管理、监督机制的建立需要专业人员
外部机会	共享高校场馆是高校承担社会责任的过程，发挥了高校资源最大化效益 将理论与实践结合，推动大学生创新创业发展
外部威胁	社会信用体系不健全，校园的安全管理难度大，存在安全隐患

2. 企业承包高校场馆社会化服务模式分析

高校将体育场馆外包给企业管理，企业支付承包费用模式如表3-2所示。

表3-2　企业承包高校场馆社会化服务模式SWOT分析

SWOT分析因素	主要内容
内部优势	专业的人做专业的事，学校负责课程教学，企业负责场馆经营 企业运用余裕资源产生经济效益，同时定期维护场馆，为学校提供优质的教学环境和实训基地，双方互惠互利
内部劣势	学校体育馆使用时间无法精确预算，校方临时活动或比赛需要向企业方申请使用。学校失去对场馆使用的主动权，同时也影响企业经营
外部机会	学校余裕资源的利用，响应国家政策的号召，避免资源浪费，满足民众体育需求 运用余裕资源降低运营成本，结合市场经济，发挥资源最大化效用
外部威胁	以企业为主体的运营，难免在运营过程中追求利益最大化，挤占校园内师生的资源，影响师生权益

3. 高校与企业合作经营体育场馆服务模式分析

学校和企业合作经营体育场馆管理公司模式如表3-3所示。

表3-3 高校与企业合作经营体育场馆服务模式SWOT分析

SWOT分析因素	主要内容
内部优势	引入企业与学校合作有利于场馆剩余价值的市场化运营，更好地完成社会化服务 专业的管理团队和科学的管理体系、精确的成本计算和控制、定期的场馆维护等，对学校体育事业的发展和教学环境的改善有积极的促进作用
内部劣势	学校以教书育人为主要职责和任务。合作运营责任分担，需要明确地划分和限定避免纠纷
外部机会	成立校园场馆监管部门，维护学生的场馆使用权益，避免被侵犯
外部威胁	以满足课程教学和保障师生权益为前提，影响企业的市场竞争力

四、河南省高校体育场馆社会化服务模式中存在的问题

（一）学校对体育场馆社会化服务认知不全面

近年来河南省高校体育场馆对外开放程度不断加大，但从当前的社会化服务水平来看，依然难以满足社会需求，特别是学校领导层对高校体育场馆对外社会化提供服务重视不够，过多考虑了体育场馆的校内功能价值，忽略了场馆的社会国有属性，在推进场馆社会化服务工作方面认识不全面、不深刻，进而使场馆社会化服务在制度建设、人员配备、资金支持、政策引导等工作方面推进力度不够，工作效果不理想。

学生、教职工对体育场馆社会化服务认知不全面。学生、教职工是高校体育场馆使用的主体，他们对场馆社会化认知也存在不深入、不全面的问题。多数高校学生、教师从自身利益考虑居多，社会利益考虑偏少，对场馆对外社会化服务方面持不支持的态度，他们认为校外群体使用体育场馆挤占了自身场馆资源，而没有从场馆服务社会群众，促进全民健身运动的角度考虑场馆的使用价值。此外，学生、教职工对场馆社会化服务在场馆建设、维护、管理、使用等方面的潜在价值认识不全面，对场馆资源闲置、维护成本高等问题考虑不深

入，因此也造成持反对意见居多的情况。

学校体育场馆管理人员对社会化服务认知不深入。场馆管理者是场馆对外服务的直接人员，调查发现，这类管理人员在对待场馆对外服务方面存在矛盾，一方面希望场馆能够对外提供服务，提高场馆使用率，增加场馆盈利能力，另一方面又担心场馆对外服务增加了场馆管理的难度，特别是在如何管理维护场馆对外服务质量、保障场馆正常运行及场馆服务人员配备等方面存在畏难心理，也缺少主动创新的动力，同时存在社会健身人群不爱惜健身场馆的现象。在这种矛盾心理下，场馆管理人员对场馆对外服务的重视程度上不够，对主动推动场馆服务工作持保守态度，且多数存在等着领导或上级部门安排的心态。因省内相关管理部门要求免费或低收费开放，也降低了校内工作人员主动对接社会需求的意愿，同时财政补贴明文规定，贴补费用不能用于编制内工作人员报酬，更降低了相关人员工作的积极性。

（二）学校体育场馆社会化服务资金支持有限

一是面临场馆建设与维护资金问题。目前高校体育场馆对外服务水平不高，盈利相对不足，而对外开放在一定程度上也增加了场馆的维护成本，但是学校场馆资金有限，相关财政部门近年来虽有部分资金支持，但不足以用于场馆建设与维护，这也是导致学校社会化服务水平不高的重要因素之一。

二是体育场馆管理服务费用不足。学校场馆社会化服务水平的提高，离不开场馆管理、市场营销等手段，这些方面同样需要一定的资金支持，而目前高校专门用于场馆社会化服务管理、市场化运作的经费相对太少，出现管理缺乏专业人才、市场营销力度不够等问题，影响了社会化服务模式的效果。

三是体育场馆市场化操作盈利能力不足。学校体育场馆社会化服务融资机制尚未成熟，目前高校中对外社会服务还是以学校管理场馆的传统方式为主，没有充分借助运用市场资金的优势，缺少对外融资的专业人员、机构、措施、政策，而学校内资金又十分有限，这也导致场馆对外服务质量上不去。

此外，在高校体育场馆社会化服务方面，国家也出台了系列政策保障，如《大型体育场馆免费低收费开放补助资金管理办法》，“十三五”发展时期，国家高度重视学校体育场馆设施开放运营工作，连续出台系列政策文件促进高校体育场馆开放运营。《国务院关于加快发展体育产业促进体育消费的若干意见》（国发〔2014〕46号）明确提出“加快推动学校体育场馆向社会开放，将开放情况定期向社会公开”，2017年教育部、国家体育总局发布的《关于推进学校体育场馆向社会开放的实施意见》（教体艺〔2017〕1号）提出到2020年，建设一批具有示范作用的学校体育场馆开放典型，高等学校要加强体育场馆管理人才的培养，为体育场馆开放工作提供人才储备。从上述政策来看，国家支持高校场馆对外开放并开展运营活动。这些政策为高校体育场馆的社会化服务提供了一定的补助政策支持。但是，对于获得社会化服务的补助资金的条件标准，高校体育场馆多数无法达到，如标准中规定每年要向公众提供公益类赛事活动、体育讲座、展览等不少于4次，组织健身技能培训等不少于1000人次等，且高校场馆服务对象本身以校内师生为主，社会化开放需要考虑到安全、管理等方面的因素，开放水平不高，无法达到政策规定的有关标准。目前，大型体育场馆中获得有偿服务补助的多数为公共体育场馆。因此，高校体育场馆社会化有偿服务在获得国家、地方补助方面还处于弱势地位，这也在一定程度上制约了场馆的社会化服务程度。

（三）高校体育场馆社会化服务管理水平不高

缺乏专业的场馆社会化服务管理人员。调查表明，当前高校体育场馆缺乏社会化服务管理人员。体育场馆社会化服务是一项系统工程，这包含场馆资源建设与维护、服务制度、市场营销、后勤保障等重要内容，每一个环节都需要有专业的管理人员进行推进。但是，目前高校体育场馆的管理人员多数是体育部门的领导、教师或者学校场馆中心工作人员等，这些人员多数对场馆产业化发展知识掌握不深入，对场馆市场化运作经验相对不足，这在推进学校场馆社会化服务时，就会出现各种管理问题，如运行制度效率低、市场化推销效果差等。因此，提高体育场馆社会化服务模式水平亟须配备专业的场馆社会化服务管理人员。

场馆社会化服务管理制度不健全。场馆社会化服务模式的良好运行离不开健全的管理制度，调查认为目前高校体育场馆的管理制度不健全。

一是缺少管理人员相关制度。多数高校对于管理人员的选择、使用、管理、费用、职责等相关内容缺少系统制度规范，目前的场馆管理者缺少制度约束与维护，在工作上容易出现工作拖沓、决策事项不科学、服务质量上不去等突出问题；另外，缺少制度的支持，场馆管理人员在人员结构优化等方面也面临诸多问题，长期难以解决的场馆专业管理人员问题无法从制度层面突破。

二是缺少场馆社会化服务项目制度。多数对于提供的项目种类、标准、要求等缺少明确的制度规定，部分高校仅提出了收费制度，对其他内容规定得太笼统，缺少实际的规范、指导价值。例如，对于足球场的使用，许多高校仅仅标明了场地使用的收费标准，而对于场地使用者应遵循的场地使用要求、后勤保障等没有明确说明，这不仅容易造成场地损坏，而且难以形成有序使用机制。

三是缺少场馆社会化市场运作制度。当前高校体育场馆以校内机构管理为主，虽然这在管理上也具有一定优势，但在社会化服务工作创新应用等方面突破不够，缺少成功案例。

另外，各高校还缺少对外服务后勤保障制度。基于校内教学使用的场馆管理制度来说，后勤保障制度相对完善，但对于场馆社会化服务应提供哪些保障，大多没有明确的规范制度，目前许多场馆重对外营销、轻管理维护的问题较多，不注重场地卫生的整洁、不注重场地设施的检查维护、不注重场馆文化建设等问题时常发生。这些后勤细节问题，在一定程度上影响了场馆使用者的整体感受。此外，场馆财务制度依附于学校财务管理制度，没有专门的人员进行财务管理，导致学校的财务管理人员对场馆费用收入与支出的服务事项不熟悉，使许多资金投入过少，影响场馆的维护运行质量。

（四）高校体育场馆社会化服务安全制度不完善

一是高校自身安全制度不完善。体育场馆社会化服务给校内群体的人身、财产等带来安全隐患是影响高校场馆对外开放的重要因素之一，但是体育场馆对外开放是一种趋势，而建立学校自身安全制度，是降低不安全因素的重要方式。目前高校体育场馆虽然多数实施了对外开放制度，但在场馆使用人员给校内带来安全隐患的预防、预警、管控、处理等方面缺少完善的制度。

二是安全隐患纠纷处理制度不完善。多数体育场馆社会化服务过程中，难免会发生各类安全事故，但是目前高校缺少针对性的安全隐患纠纷处理制度，对于出现的问题往往交给体育部门、保卫部门等处理，缺少规范性的文件，也没有配备专业的法律顾问。近年来，部分高校发生了篮球场、足球场运动损伤的案例，这些受伤群体在受伤后，第一时间想到的就是学校体育场馆场地的安全管理责任，学校有关部门由于缺少既定的纠纷处理制度，也没有专业的处理人员，在处理纠纷时常常处于被动应付局面，造成了一定的资源浪费。

三是场馆消费者安全保障制度不完善。多数社会群众在使用场馆过程中，难免发生安全隐患，在这方面，有的学校已经在使用场馆时给出了安全提示，但是多数学校缺少保障场馆消费者安全的制度，特别是针对一些场馆使用极易造成损伤的开放项目，没有出台完善的安全保障制度，这对于运动者来讲，难以直接从场馆服务中获得安全保障，对场馆服务者来讲，也无法按照规范的程序履行安全服务保障工作，进而使场馆对外服务存在安全隐患。

（五）高校体育场馆社会化服务资源开发不足

一是硬件资源科学利用率不高。数据调查显示，当前体育场馆社会化服务水平主要影响因素在于场馆的使用时段，而目前高校体育场馆在满足学校体育教学之余，在利用空余时段上社会化服务效率不高。

二是场馆硬件资源功能单一，社会化服务需求供给不足。目前多数高校体育场馆建设主要围绕满足教学需求，在一些功能配置上也与学校教学有关，而社会化服务配置功能相对不足，开发跟不上，这也影响了场馆的利用率。例如，对于篮球场教学配置，校内教学只需按照规范的场地标准进行上课即可，而对于校外服务群体，服务需求多样化，既有趣味篮球、三人制篮球、五人制篮球、篮球游戏等方面的要求，也有篮球场地使用文化宣传类的特殊要求，这些资源如何实现有效配置，会影响场馆对外提供服务的质量。

三是软件资源服务开发单一。多数场馆社会化服务大多提供基础的场馆、场地，依托硬件设施提供“软件”资源服务内容明显不足。如运动项目培训、团体赛组织、裁判、文体活动组织等，这些内容也是社会消费群体的重点需求，而目前高校体育场馆在软件服务资源开发上相对单一，主要集中于赛事组织与裁判，少数有运动项目培训。

五、河南省高校体育场馆社会化服务模式的策略

（一）制定科学的社会化服务管理机制

一是建立科学的管理机构。为提高场馆社会化服务水平，高校体育场馆管理部门需要转变工作思路，在推进场馆社会化服务管理机构组建上下功夫，重点通过购买社会组织统一管理、校内管理与社会管理相结合、校内管理与聘用专家指导相结合等方式，组建具有场馆社会化服务能力的管理队伍，重点针对场馆社会化服务中存在的维护资金、宣传、服务、后勤等问题进行服务。这既

解决了校内管理人员社会化运作的短板问题，又引入了专业人员，提高了场馆社会化服务管理的水平，特别是解决维护资金的问题，以推动场馆对外社会化服务的可持续化发展。

二是建立场馆社会化服务项目制度，重点针对项目服务内容、要求、规格、价格、时段等内容出台制度文件，对外进行公布，以增强场馆社会化服务项目的规范性。同时，要根据社会需求变化，及时调整完善有关政策，确保与社会需求对接的紧密性。

三是完善体育场馆社会化服务后勤保障制度，重点针对场馆水电、卫生、财务、维护、投诉与反馈等内容建立明确的制度。对于卫生管理，可以通过外包等形式提高卫生保洁整体水平。对于财务管理，可以建议配置专门的财务管理人员，进行专职财务管理，以提高财务服务场馆运行的能力。对于投诉与反馈，要通过微信、微博、邮件、电话等形式及时建立线上线下的服务反馈渠道，第一时间了解场馆使用意见，以提高服务水平。对于场馆设施的维护管理，要配置专门人员进行定期维护，确保场馆器材使用符合保养规定，延长场馆器械的使用寿命。

（二）丰富社会化服务内容

一是以现代化信息手段提高场馆硬件资源使用效率。随着信息技术的快速发展，场馆使用情况可以通过数据反映在电脑、手机等载体上，学校体育场馆管理部门可以通过这些数据合理设置场馆社会化服务的项目、时段等，在确保体育场馆得到有效维护的基础上，最大程度地利用场馆空余时间，以提高场馆硬件资源的使用效率。

二是依托社会需求，推进场馆硬件资源功能完善。重点通过调研、反馈等手段，了解群众对场馆功能的多元需求，在此基础上根据场馆实际，科学配置场馆功能，最大化满足群众使用需求，以增强高校体育场馆社会化服务的吸引力。

三是丰富场馆社会化服务的软件资源。目前，随着经济收入的增长，人们在满足物质需求的同时，对身体健康越发重视，而普通人缺少专业的运动指导，极易造成运动损伤等问题，而高校体育教育部门具有先天的教育资源，应该根据消费者需求提供人性化的软件服务，如健美操培训、瑜伽培训、网球培训、篮球培训、运动处方培训等。此外，也可以发挥体育人才的组织、裁判能力，为群众提供组织各类文体活动服务、赛事组织服务等，通过专业化的方式提高服务项目水平。

（三）健全社会化服务安全保障机制

一是建立安全预防措施。高校体育场馆社会化服务既要保障校内群体安全，又要保障校外消费群体安全，而安全隐患的第一道防线就是预防。为了预防安全事故，学校应当在场馆使用区以及周围校园活动区张贴安全警示标志，或者在媒体上定期公布安全提示，以提高校内外群体的安全防范意识，降低安全风险。

二是建立完善的安全保障制度。重点建立校内安全巡防制度，针对场馆使用人群流动性比较大的区域加强巡防管控，把安全隐患消灭在萌芽状态。建立消费者购买保险制度，重点针对易发生意外事故的项目、区域、人群等，购买特定安全保险，以确保发生风险后的补偿落实。

三是建立第三方安全管控制度，针对学校管理资源有限的情况，在场馆社会化服务管理机构配备上，引入第三方安全管控组织，通过与第三方签订安全保障协议，达到增强安全管理、降低安全损害的目的。建立场馆资源维护保障制度，针对场馆场地器械等出现损坏的情况，要及时检查维护，避免造成不必要的安全事故。建立安全事故应急处理制度，针对突发安全事故，能够第一时间进行有效反应与处理，针对一些纠纷性安全事故，能够及时通过法律手段进行解决。尝试对接市场保险机构，为社会化服务的各类安全隐患提供保险保障。

（四）加强场馆社会化服务创新工作

一是依托信息化创新高校场馆社会化服务模式。信息化、大数据、云计算是当前社会各个领域的热点词，也是社会发展的重要特征趋势之一。作为高校体育场馆，应该充分应用信息化在场馆社会化服务模式上抓创新，创新场馆服务信息推动机制，利用手机APP等平台，建立高校体育场馆对外服务项目表，以便于群众便捷获取信息，同时也可以通过查询平台直接进行在线预订。创新场馆服务评价沟通机制，针对一段时期的场馆使用情况，通过手机APP等编制调查反馈问卷，消费者通过评判问卷题目可以及时反馈消费者意见和意图，学校也可以通过APP及时获取相关意见与建议，以提高场馆社会化服务水平。建立智能化场馆服务功能，依托信息技术，将传统的场馆使用智能化，通过智能建设一方面能够帮助场馆消费者了解自身的运动情况，另一方面也能够帮助管理者及时了解场馆使用数据，及时进行维护等。

二是依托社会需求创新场馆服务内容，体育场馆社会化服务的内容需要根据市场需求进行调整，因此服务项目具有多元性。高校体育场馆社会化服务推进工作应当建立在市场需求基础上，重点针对市场需求定位服务内容，避免服务内容单一。例如，除了运动锻炼服务项目，也可以根据场馆情况以及市场需求组织各类文艺活动、企业活动等，这些活动内容虽然与体育项目不同，但也是高校体育场馆对外服务的重要内容，是场馆盈利的重要保障。此外，要重点在场馆服务软件上下功夫。当前，高校体育场馆对外开放程度在不断增强，消费者可选择性增加，为了吸引消费者到本校场馆消费，可以拓展软件服务项目，如运动放松按摩、运动技术培训、运动交友等，通过这些融合性的软件资源，更容易吸引社会群众消费。

三是依托校园文化特色创新场馆社会化服务品牌，场馆社会化服务类似于企业的产品，而产品营销对企业文化品牌具有一定的影响。因此，作为高校场馆社会化服务，也需要根据本校的文化特色构建出符合本校特质的场馆社会化服务品牌，以品牌的丰富魅力吸引锻炼者。

四是拓宽高校体育场馆社会化服务路径。针对不同健身群体积极主动地拓宽不同的服务模式，因“人”制宜地开展社会化服务。

（五）加强高校体育场馆社会化服务保障

一是完善高校体育场馆社会化服务法律保障。针对高校体育场馆社会化开放中存在的人员安全、场馆使用纠纷、有偿收费等方面的潜在问题，体育局、发改委、物价局、保险公司等应建立联合保障机制，针对上述问题进行深入调研，尽快从法律、政策层面出台针对性的保障政策，以确保场馆社会化服务过程中出现问题能够得到有效解决，解除高校场馆社会化服务的后顾之忧。

二是完善高校体育场馆社会化服务资金保障。针对当前高校体育场馆社会化服务资金短缺的问题，国家、省、市在出台大型体育场馆有偿服务资金补助政策方面，应针对性地考虑高校场馆社会化服务实际情况，在社会化服务标准方面，结合高校场馆实际调整内容与形式，出台指导性的社会化服务标准，将更多的高校纳入社会化服务补偿保障政策中，以增加场馆社会化服务的资金保障。

三是完善高校体育场馆社会化服务管理保障。高校体育场馆社会化服务既关系到高校体育教育，又关系到群众体育工作，因此在推进高校体育场馆社会化服务方面，应进一步完善当前的政府管理保障机制，建议由教育、体育、发改、物价、人保、警卫等部门建立联席保障体系，针对高校体育场馆社会化服务的规划进行统筹考虑，形成场馆逐步推进开放规划，并在人员、培训、资金、法律等方面给予明确的政策保障，以推进高校体育场馆社会化服务水平。

第二节　国内外高校体育场馆社会化服务与管理

一、国外大学体育场馆社会化服务与管理

西方社会化服务机构的理念是社会化服务供给的市场化，为了实现社会化服务有效供给，场馆经营者可以采用市场化的运作机制来提高场馆资产运营质量。西方国家高校体育场馆社会化服务高度市场化，管理经验先进，场馆利用率高，服务理念“以人为本”。目前我国高校体育场馆运营改革由事业型向民营化、企业化和市场化发展，对西方国家高校体育场馆社会化服务进行研究，对我国建设体育场馆公服务体系具有一定的借鉴意义。

（一）美国

美国高校校园体育精神是充分调动大学生们的自主性，引导他们积极主动参与体育运动，自我规划体育运动和体育消费，培养体育与健康是生命和生活中的一部分的意识，养成终身体育的习惯。美国大学重视体育，建有众多标准田径场及综合型大型体育馆，包含适宜健身的、适宜比赛的，球类、田径、游泳、柔韧练习、力量练习等各个方面，体育设施种类齐全、非常完善。以斯坦福大学和华盛顿大学体育场馆设施为例，从数量上看，单斯坦福大学就有17个大型专业体育场馆（赛事标准），包括能容纳5万人的橄榄球馆、能容纳7800人的篮球馆、能容纳4800人的棒球馆，此外还有1个大型田径场，还有若干个保证学生、教师以及周边社区群众体育教学和锻炼的练习馆；而非常青藤联盟的华盛顿大学，体育场馆设备的数量与类型亦不相上下。

从作用上来分，美国高校体育场馆从建设规划开始就分为两大类：竞赛类场馆及学生群体体育活动中心。这些体育场馆设施，除了少部分用于校队训练

外，绝大多数都对学生、教工和附近的居民开放。学生可以免费使用学校的体育设施，教工每年交纳少量费用，校外社会人员则交纳相对高一些的费用进行使用。例如费里斯州立大学场馆分为校内开放和校外开放两类，竞赛类场馆因为要承担的校际体育竞赛活动多，场馆养护成本高，所以仅对本校学生开放；学生群体体育活动中心则全面对外开放，收费标准分为校内校外两种，校外人员略高于校内教师，但又低于社会其他私人场馆，体现了高校体育场馆的公益性。本校学生凭学生卡免费进入校内所有体育场馆；社区居民通过办会员卡进行体育消费，还可以参加学校各类体育运动培训班，租用器材进行体育锻炼。

美国高校体育场馆商业化运作模式大致分为两类：一是委托专业管理公司进行管理运营。因其专业的设施维护、人员培训以及市场营销管理制度，有效延长了设施的使用时限；其丰富的赛事资源为高校带来各类赛事活动，提高了场馆的利用率，带来良好的经济效益。如马里兰大学体育馆委托给拥有全球代理200多所场馆丰富运营经验的美国战略管理集团公司（Strategic Management Group）。二是采用分层委托形式。学校将场馆委托给一个运营商，运营商又将票务、赞助、饮料、设备等业务委托给其他专业公司进行管理与运营。

专业管理公司将场馆有形资产采取不同的方式出租给俱乐部、公司、学校、商户、个人等，使场馆的租赁效率最大化，其出租方式主要包括四个方面：一是主馆空间的出租。将体育场馆主馆长期出租给职业体育俱乐部、中小学及社区等举办各类体育赛事或活动。如南加利福尼亚大学将其纪念体育场分别长期出租给当地橄榄球队和棒球队进行体育比赛。也会临时出租举办音乐会、会展、发布会、颁奖典礼等活动。二是附属空间的租赁。美国高校大型体育场馆被建成以体为主的休闲娱乐场所，其附属空间商业用途广泛，可以出租给其他公司开办体育培训、健身等体育业务，还可出租给商户开办体育用品、服装、餐饮、电影、住宿、旅游等购物娱乐业务。三是停车位的租赁。停车位租赁分为长租和临租，成为场馆租赁最为稳定的收入之一。四是设施租赁。体育场馆拥有更先进、更高科技、更昂贵的运动设施和娱乐设施不仅能吸引天才运动员加入高校，也给观众带来更好的娱乐感官享受，吸引更多人员进行体育消费和娱乐消费。为此，很多高校在大型体育场馆装备高分辨率的视频显示器、巨大电子记分牌、具有3D视觉效果的天空盒和声场效果出众的音响等设备，例如密歇根大学在橄榄球馆增加了豪华包厢、舒适座椅和多类型的高科技视听设备，既给观众和运动员带来了极佳的视听体验，又能通过出租视听设备获取经济效益。

美国高校不仅注重体育场馆体育设施的完善，也非常重视学校体育服务网络平台的搭建。网站内容包括竞技体育、大众健身、场馆信息、体育赛事等众多栏目，通过精美的体育运动图片和视频来展示体育活动，体现体育精神。

美国是一个体育氛围浓厚的国家，人们不仅热爱体育运动，也很喜欢观看体育比赛，他们不仅通过电视、网络等媒介观看比赛，也常常驱车去现场观看比赛。费里斯州立大学经常承办冰球、篮球等比赛，每到赛季，学校通过对外出售比赛门票，能获得不少收入，对于重要赛事媒体还将进行转播报道，赛事转播权也带来可观的收益，这部分的收益又能用于场馆的维护。20世纪90年代，斯坦福大学、哥伦比亚大学、耶鲁大学等每年的体育馆经费在1000万～3000万美元，其中大部分经费是通过出售体育比赛门票和电视转播权等获得的。如2004年大学生橄榄球决赛媒体转播费为3000万美元。丰富的体育赛事不仅为高校场馆带来可观的经济收入，同时推动了当地的经济发展。如2004年参赛队为克莱姆森大学和俄克拉荷马州立大学的砂糖碗比赛（Sugar Bowl Game），成千上万的游客为新奥尔良市带来了2.5亿美元的经济收入。美国高校通过举办丰富的校内外体育赛事活动不仅提高了高校的知名度，也营造了浓烈的体育氛围，吸引更多人参与体育运动、热爱体育运动，促使高校体育场馆经济效益与社会效益共同繁荣发展。

美国高校非常重视体育场馆对外开放的安全问题，例如费里斯大学场馆为了保障体育锻炼安全，凡进入体育场馆进行体育锻炼的人员都必须签署安全协议，18岁以下人员还需家长签署安全承诺书，减轻了学校对外开放的压力。近年来由于恐怖袭击事件时有发生，西方学界开始重视校园体育场馆的安全性。2005年3月，美国国土安全部确定了运动场上的卡车爆炸事件可能为恐怖袭击，要求大学必须采取必要步骤，以确保体育场馆和校园防范潜在的威胁。密西西比州立大学的研究人员根据德尔菲研究制定的标准和一系列面试，有目的地抽样选择参加者进行访谈，访谈者包括运动设施经理、校园警察局长、当地警长和地方应急管理总监等。最后产生了以下标准：周界控制、访问控制、资格认证、实物保护系统、风险管理、应急管理、恢复过程、通信、保安人员、培训、建模和仿真，以及大规模杀伤性武器有毒材料保护等。这些场馆安全标准现在已确定，目标就是协助和支持高校体育场馆运营，保护校园师生的安全。美国航线中心体育馆由马克·库班投资2.8亿美元进行升级改造，拥有全世界最先进的科学技术，场馆内采用最先进的光纤网络，用更方便、更安全的方式安装网络，来实现网络应用的安全、快捷使用，包括安保信息即时交互、设备实时管理、座位现场交易、无线监控以及公共无线终端接入。

（二）英国

英国体育社会化服务的目标是让更多的人参与运动，每个人都有平等参与运动的权利，让年轻人养成终身体育的习惯。因此，英国政府非常重视体育社会化服务政策保障，由英国文化传媒体育部（DCMS）专项负责国家体育社会化服务的政策制定，为能真实反映体育公共需求、保障公众权益、科学与民主的政策，政府议员、非政府机构、体育行业的负责人及研究学者都会参与政策的制定。社会化服务市场化，英国政府采取的是DCMS政策决策机构与政策执行机构分离，由民间组织负责体育场馆公共事务的管理和服务，英国最大规模的公共体育管理机构是英国体育理事会（UKSC），是一个非政府公共管理机构，负责体育政策的推广及公共体育资金的分配与管理，公共体育资金由财政和彩票基金提供。各地区体育理事会根据专家建议、运动者行为习惯及当地实际情况，对政策进行细化，做出合理的决策。英格兰体育理事会根据文化传媒体育部的公共体育相关政策，结合英格兰当地情况制订了三个体育计划：一是大众体育健身运动计划，让更多的人平等地享受体育运动，养成有规律的体育锻炼，制订跟年轻人、残疾人、女性等群体运动行为习惯对应的计划。二是专业运动员体育锻炼计划，注重所有天才运动员运动潜能的发挥。三是加大对公共体育设施的投资，完善体育设施设备的计划。

英国是现代体育产业的诞生地，历史悠久。英国大学的大型体育场馆建设功能完善、设施齐全、种类齐全，可以极大满足竞赛或休闲体育锻炼需求。赫特福德大学拥有英国大学中最豪华的体育馆，内有达到国家协会要求一级标准的羽毛球馆、篮球馆和排球馆，12米高的攀岩墙，国家标准25米长、8道泳池的游泳馆，以及健身房、瑜伽馆、跆拳道室、拉丁舞馆、武术馆、健美操室、保龄球馆、射箭馆等；室外场地有体育运动场、板球运动场、壁球场2个、足球场2个、曲棍球场、橄榄球场、手球、网球场、卡丁车场、高尔夫场等。拉夫堡大学是英国的顶尖名校，以体育著称，拥有一个具备奥运会比赛标准的游泳池和田径场、壁球场、橄榄球场、羽毛球场、足球场、网球场等场地，能满足开展50多项体育运动的需求，体育设施设备齐全，还拥有运动康复中心和运动科研中心；学校拥有53个体育俱乐部，除了常规的足球、篮球社团，还包括空中特技、热气球、越野车、击剑、皮划艇、蹦床和啦啦队等社团。

英国高校体育经费来源渠道广阔，主要是政府财政拨款、彩票基金、公共捐助和商业赞助。英国非常重视大众体育的发展，20世纪80年代就鼓励高校体育场馆对外开放，积极为社区居民提供运动场所。丰富多样的体育俱乐部是大学生们参加体育运动的主要形式。并拥有非常专业的体育场馆管理人才，这得益于高校体育管理课程的开设，他们非常重视体育管理专业人才的培养，体育管理专业由体育学院、锻炼和健康学科学院、商学院三个学院共同教授，教师也大多数是在国际奥委会和欧洲委员会等著名组织做过研究的人员，学科体系非常完善，为体育场馆运营培养了赛事推广与管理、大型活动策划、体育企业管理等专业人才。体育场馆管理方式有学校直接管理、私人委托管理和基金管理三种，现在也在积极吸引社会资本注入，尝试场馆合同外包、特许经营与凭单制的多元化运营模式。但为保障体育社会化服务的公益性，政府制定了相关的政策以约束企业为追逐经济效益而忽视大众体育健身需求的行为，确保体育场馆的经济性与公益性达到平衡。

（三）德国

德国是当今世界大众体育发展水平领先的国家之一，其大众体育发展模式对欧洲甚至整个世界的大众体育发展都有着深刻的影响。从19世纪80年代末期开始，德国就在体育场馆的建设规划中结合周围公园与社区绿地等周边情况，以中小型场馆建设为主，将体育场馆与社区融为一体，形成了体育生活一体化的城市格局。目前极大部分亚洲国家体育场馆建设也采用德国场园一体化的建设模式。德国大学体育场馆更注重综合使用、合理布局而不是外观的宏伟壮观，甚至可以说其场地设施条件非常简陋，但体育设施设备非常齐全、安装和拆卸非常便捷、使用率极高。虽然德国冬季漫长，室外体育场地长期被积雪覆盖，使用率较低，但因其拥有大量小型、条件较高的综合型体育馆，大众仍可享受到较好的体育运动。德国室内体育馆合理开发，综合利用，通过电动升降帷幕将一个训练馆分为几个活动区域，可以同时安排三个以上不同运动项目，项目之间又能互不干扰，设施操控非常便捷。运动器材调整、安装、拆卸、搬运也非常便捷，如篮球板、吊环、绳索等固定装置可以通过电动进行调节；足球门、双杠、跳箱等器械通过四轮小拖车进行运送；而像蹦床等比较笨重的体育器材都设计为可以折叠以便于打包搬运，这些操作便捷的体育器材使得场馆各类体育活动场地转换便捷、迅速，能满足多种运动需求，提高了场馆的利用率。

德国体育场馆主要由社会体育社团或大众体育俱乐部等组织管理，其经费来源主要是会费、社会捐助、比赛转播、门票及财产分红等，对于学校体育场馆这一特定区域，政府会给予一定财政拨款和彩票基金支持。德国大学体育场馆上学期间对外开放时间是17：00～22：00，假期时间为16：00～22：00，对外开放模式为有偿和无偿相结合的模式，收费标准分为学生、教工、校外人员三类，其中学生收费标准最低，教工次之，校外人员最高。德国大学非常重视大众体育发展，根据人体发展规律和运动基本方式及体育健康锻炼原理对体育运动进行划分，设置不同项目，以满足不同年龄不同群体不同层次运动人群的需求。如斯图加特大学将体育分成竞技类体育、休闲体育、格斗体育、健身体育四类，运动项目近60种，体现了学校体育活动的多样性、趣味性和自主性。学校聘用职业体育教师对锻炼者进行体育健身指导，科学健身，提高锻炼效果；对于体育器材的维护也是外聘具备体育器械专业维护知识和经验的人才进行管理。如斯图加特大学聘任4名专业人才负责学校体育器材的维护和管理。各大学的体育科学研究所制订冬季学期和夏季学期及假期的学校体育计划来保障学校体育训练的持续性。这些计划延伸了学校体育的运动时空，也为大众健身提供了良好的运动环境，提高了场馆假期的利用率，充分发挥了体育场馆社会化服务的公益性。

综上所述，国外高校体育场馆以提供公众体育服务为主要任务，以用户感受为出发点进行设计规划，积极开拓资源为公众创造良好的健身环境，结合信息化技术，“以人为本”提供体育社会化服务。

二、国内大学体育场馆社会化服务与管理

随着我国社会经济和体育事业的不断发展，全国各地相继建设了一批包括大型体育场馆在内的体育设施，各高校内也兴建或改造了学校内的大型体育场馆，较好地缓解了人民群众日益增长的体育需求与公共体育资源紧缺的矛盾。

（一）清华大学

我国著名高等学府清华大学素来重视体育场馆建设，国学大师季羡林曾说“清华读过书的人，谁也不会忘记两馆”，其中一个就是体育馆。当时还流行一个说法：“北大有胡适之，清华有体育馆。”学校目前建有综合体育馆2个、体育场4个、游泳馆、西湖游泳池，紫荆气膜馆、露天仿真冰场、具备承担国际赛事标准的射击馆、棒球场、室外力量训练区、东区体育活动中心、学生社区活动中心、网球场、篮球场等场地，运动场地面积达22万平方米，人均体育运动面积4.61平方米。其中既有游泳馆、射击馆等专业场馆，也包括手球、沙滩

排球等专业的户外设施。

西体育馆前馆建于1916—1919年，后馆建于1931—1932年，建筑设施与前馆巧妙相接，建筑风格浑然一体。馆内有篮球场、手球场、悬空跑道以及暖气、热气干燥设备；室内游泳池实行水源消毒，清洁卫生。这在当时的中国高校中绝无仅有，清华人曾长期引以为豪。为举办2001年世界大学生运动会，清华大学在没有政府拨款和民间投资的情况下，自筹经费建设综合体育馆和游泳馆，总造价约1.6亿元人民币。该体育馆拥有5000个座位，是既能满足篮球、排球、体操等竞技比赛标准，也能满足晚会、大型演出、开学典礼等活动的大型综合型体育馆。为引进社会资本，清华大学将综合体育馆和游泳馆的冠名权进行转让，分别以5000万元和3000万元转让给香港著名企业家曹光彪和陈明，冠名为“曹光彪馆”和“陈明游泳馆”。

为积极发挥体育场馆的公共职能，清华大学体育场馆均对外开放，采取无偿和有偿相结合的开放模式，具体工作由行政部门负责，场馆收入按比例一部分上交给学校，一部分留下用来维护场馆。为提高场馆利用率，部分场馆对本校学生免费开放，本校学生通过刷卡进入学生社区活动中心，内设健身房、乒乓球室、琴房等，并安装了空调。清华大学还通过开设各类培训班来提高场馆的利用率。培训班内容非常丰富，既有针对成人和少儿分别开设的羽毛球、网球、篮球、乒乓球、轮滑、跆拳道、台球、幼儿体能训练、体质测试训练等体育训练培训班，还有专门针对少儿的民族舞、拉丁舞、摩登舞、芭蕾的舞蹈培训班，针对成人的瑜伽、肚皮舞、形体、国标舞、啦啦操、健美操，以及散打、围棋、武术、体育测试、素质拓展、体育与饮食指导、周五托管班等诸多项目。

在场馆数字化运用方面，清华大学开通体育场馆管理与预约系统网络平台，该系统包含场馆介绍、场地预约、培训及地图等几个栏目，学生和教工可以通过学校认证账号登录，可实时查询网球、羽毛球、乒乓球、篮球、排球五个项目场地情况并实时在线预约，可预约三天内的体育场地，极大地提高了工作效率及服务质量。

（二）深圳大学

深圳大学体育场馆社会化服务走在各个高校改革前列。深圳大学体育场馆数量较多、种类齐全、设备完善。目前建有体育场3个、体育馆2个、篮球场3

个、游泳馆2个、网球场2个、小球馆1个、高尔夫练习场1个等，占地面积达15万平方米，建筑面积达6万平方米，除了具有足球、篮球、网球、游泳等基本项目，还具有高尔夫、击剑、保龄球、壁球、太极、跆拳道、专业健身、舞蹈等共24个体育项目，极大地满足了该校体育教学、高水平运动队训练、体育竞赛、师生课外体育锻炼及各类体育俱乐部活动需求。学校设立体育场馆管理中心，中心主任由学校行政任命，负责全校体育场馆的运营管理工作。

为使学校体育场馆更好地发挥其公共属性，为大学生提供更好的体育服务，满足社区居民日益增长的体育运动需求，2007年深圳大学体育场馆开始对外开放。收费标准按人员分为学生、教工、校外三类，计费方式分为按小时计费和按人数计费，并以18：00分段设置不同收费标准，比如18：00以前网球场10元/小时，羽毛球场10元/人。为错峰使用场馆，提高场馆利用率，在6：00～8：00的运动低谷期，学校通过免费使用体育场馆来鼓励学生早上锻炼。为提高学生和教工的身体素质，吸引他们进行体育锻炼，学校给每一位在校学生和教工发放体育运动专项经费，学生每学期150元，教工每学期200元，以学期为周期，划拨到学生和教工的校园一卡通里，专门用于师生本人在校内各个收费体育场馆中进行体育锻炼，如果一个周期内没使用完，此项经费自动清零，不累积到下个学期。这笔专项经费虽然是虚拟货币，却达到了学生和教工免费使用场地的目的，大大调动了大家的运动积极性。据统计，实行此专项体育锻炼经费后，收费场地运动人数提高了38.46%，从2007年的26万多人次提高到36万多人次。此项创新举措，使得大家运动热情高涨，提高了场馆的利用率，发挥了高校体育场馆的公益性，为高校体育场馆社会化服务提供了一个很好的创新思路。

伴随着信息化技术的发展，新形势下各个行业都在积极探索利用信息化技术改变行业服务管理模式。深圳大学联合信息化技术，研发了一个体育场馆网络订票系统，通过网络技术使校园网和体育场馆资源信息结合。学生和教工可以通过系统在线实时对场馆进行预订、退订、改签及场地信息查询等操作，免去了排队、交费的麻烦；场馆管理人员则通过系统进行信息发布、用户管理、场地预订审核管理、场馆信息管理等，为场馆管理节约了人力物力，提高了场馆管理效率。2013年深圳大学正式投入使用此系统，通过对全年使用体育场馆锻炼的人次进行数据统计分析发现，其从2012年的31万多人次提高到了2013年的47万多人次，提高了51.61%，场馆总体使用效率较高。深圳大学的体育场馆社会化服务新信息化技术的运用为我们提供了一个很好的改革思路。

（三）其他

伴随着我国经济的快速发展，改革步伐越来越快，我国大型体育场馆运营模式也在逐步进行市场化改革，由传统事业型逐步过渡到由企业介入的市场化运营管理。目前我国大型公共体育场馆运营管理改革路程大概经历了传统事业型、委托物业公司或其他企业运营、事业单位企业化管理到企业化经营四个阶段。高校体育场馆由教育部门管理，其运营模式也正由传统事业型逐步向企业型过渡。

通过对广州大学城十所高校的调查了解到，体育场馆管理模式可以分为体育部门管理、委托物业管理、行政部门管理三类。根据场地情况分为无偿开放、分时段无偿开放和有偿开放三种方式。像足球场、田径场、篮球场、排球场等室外场地，因面积大、管理难度大都是实行无偿开放；而像羽毛球场、乒乓球场等室内场地，因使用率较高及维护成本较高一般采取有偿开放，有些高校为发挥场馆的公益性，在6：00～8：00的运动低谷期，学生可以免费使用部分体育场馆；其他像健身房、瑜伽室这类需求量不是很高又需要专业教练指导的场馆一般都是只满足自身教学需求而没有对外开放。

随着经济的快速发展，人口城镇化加剧，伴随着越来越多的中小学裁撤、合并，中小学生集聚，以致体育场地逐渐被改造成教室、宿舍，体育锻炼场地不断被压缩，中小学体育场地人均占有量持续下降，很多学校已经不能满足学生体育锻炼的需求，为解决这一矛盾，有些地方政府向高校购买体育社会化服务免费向中小学生开放。湘潭市政府向三所高校购买体育社会化服务，政府与高校之间签订购买服务合同，由政府出资，高校提供场地设施设备供中小学生进行体育锻炼并提供技术指导服务和管理，政府对所购买的社会化服务进行质量评估。这种方式对于高校而言，不仅切实发挥了高校体育场馆公益性，其闲置资源也得以使用，提高了高校体育场馆的利用率，也是高校体育场馆社会化服务的一个创新。

高校体育场馆相对于社会上其他场馆在社会化程度上是相对落后的，社会体育场馆利用新信息化技术开通信息化管理模式，像北京五棵松体育馆利用互联网、大数据等新信息化技术，通过“华熙live”客户端、微信、微博等当今“互联网+”背景下主流媒体的宣传与合作，以线上线下结合、场内场外与其他合作伙伴结合，增加大量新的展示阵地，形成以五棵松体育中心为主体的品牌效益，成为我国“智慧场馆”发展的标杆企业。通过这个新方式从各个层面提供场馆服务，加强场馆的品牌效应以及多维度无形资产的开发利用。公众号的运营，与周边交通、餐饮、商业联动，场馆从各个维度给消费者带来便利服务，为周边产业和场馆带来了更大的经济效益。

三、国内外大学体育场馆社会化服务与管理的经验借鉴

自1990年以来，我国在大学兴建了各类型的大型综合型的体育场馆，这些场馆不仅有效承担了各种大中型体育赛事，也保障了高校的体育教学、竞赛、训练的需求，同时为师生和居民提供了运动场所，有效推动了全民健身运动的开展。随着我国公共体育场馆的数量不断增加、资产总额不断增大，其雄厚的资源及强大的社会化服务能力成为我国体育事业的巨大推动力。但大型体育场馆的建设与运营是各个国家普遍存在的难题，作为提供社会化服务重要载体的高校体育场馆逐渐暴露出资产大量闲置、体制机制不适应、利用率不高、运营效能不佳、服务能力不强、持续发展动力不足等突出问题，这与我国公共体育场馆大多数是事业单位有很大关系。2012年，国家体育总局针对全国大型体育场馆基本情况展开的调研结果显示，公共体育场馆中事业单位占比达到80%以上。2013年12月，国家体育总局等部门发布的《关于加强大型体育场馆运营管理改革创新提高公共服务水平的意见》中提出，通过加强经济和体制改革，逐步实现大型体育场馆规模化、专业化、社会化运营，提升公共体育服务水平。

西方发达国家由于经济社会发展程度较高，体育场馆的发展进入成熟阶段，特别是他们的体育场馆资源相对充足，可以满足大部分居民的需求，较少存在体育场馆资源配置不均的问题。在美国，体育场馆的位置在1950年开始变化，由于中心城区拥挤，许多市民迁到郊区居住，促使了这些地区体育场馆的建设，同时也带动了当地经济的发展。英美德国家因有高度发达的市场经济，高校体育场馆社会化服务市场运作十分成熟，他们的建设与运营经验对我国高校体育场馆社会化服务改革具有重要的借鉴意义，并提供了参考模式。

（一）合理规划综合建设

根据全国第六次体育场地普查，我国人均体育场地面积为1.46平方米，而美国人均体育场地面积高达16平方米，我国不足他们的十分之一。体育场馆作为公共体育设施，是提供社会化服务的重要载体，虽然目前我国公共体育场馆

数量在不断增加，但场馆建设初期场馆位置、类型及功能规划是否合理都将直接影响人们的使用。

美国高校大型体育场馆选址一般遵循就近原则，但也不只是建在学校内，也会建在校区周围政府赠予的公共用地上。由于中心城区人口增多，许多居民逐渐迁往郊区，美国高校大多远离城市中心地带，从城市整体规划出发，建造大型体育场馆，打造体育、休闲娱乐、购物、旅游、餐饮等新的商业圈，有利于拓展和优化城市空间，促进地方经济发展。英国大学体育场馆大多建设在校内，场馆建设规模大、数量多、综合性强。德国体育场馆建设非常重视与周边环境的融合，打造运动生活一体化。

西方高校大型体育场馆规划设计时综合考量场馆运动项目、校运动队竞技水平及当地运动文化和运动传统等因素，设计功能非常灵活：一是一馆多用，可承接多种赛事。如美国大学冰球馆还可承接篮球、室内足球、速滑、拳击等赛事；德国大学通过幕布将一个体育场地进行隔离分区，可以同时开展多个体育活动并互不干扰。二是综合规划，建设体育运动综合大楼，馆内运动种类丰富多彩，除可以满足日常的篮球、羽毛球、乒乓球等项目运动需求外，还可以满足击剑、壁球、攀岩、瑜伽、跆拳道、保龄球等特色运动需求。如美国大学体育场馆以赛事为核心，积极开发场馆相关配套商业设施，打造成了一个体育锻炼、文化休闲的娱乐场所。

目前，我国大型体育场馆建设规划也对场地位置、赛事需求及赛后场馆利用进行考量。如广州大学城体育场馆建设规划综合考量了广州亚运会赛事要求和赛后适于高校开展体育教学及社会体育的需求等因素；华南理工大学城校区体育馆是按举办国际乒乓球比赛标准，同时满足篮球、羽毛球等比赛及体育教学、大型会议等多功能使用标准来进行综合规划设计的。由于我国高校体育场馆大都建在校内，以提供体育教学及满足师生们的体育运动需求为主，考虑到教学秩序及学校安全，在商务、购物等休闲娱乐方面并未进行有效规划，这在一定程度上影响了我国高校体育场馆的休闲娱乐综合开发。

（二）高校体育场馆社会化服务运营市场化

随着社会经济的发展，在市场经济条件下，单一的政府供应已不能满足公民多元化的需求，各国政府都对传统的社会化服务垄断供给模式进行改革，建立了一个新的社会化服务管理系统体系。就我国而言，市场经济体制进一步完善，政府职能转变为建设服务型政府，为应对体育场馆社会化服务多元化的需求，我们应结合我国体育发展实际情况，认真总结国外经验教训，构建符合我国实际情况的体育场馆服务模式。

1. 场馆建设融资渠道多样化

从上述对美、德等国体育场馆对外开放的现状分析可知，西方高校体育场馆社会化服务资金来源不单纯依赖政府拨款，其市场化的运营、多渠道融资为其带来大量的建设维护资金。这些资金用于体育场馆改建或保养及管理服务，有效延长了场馆的使用时限，也大大提高了场馆的利用率，完善了体育场馆社会化服务效果。

由于高校大型体育场馆建设具有投入大、回收周期长、维护成本高的特点，公有资本已难以独立承担，西方国家高校体育场馆的多元化融资模式形成了以市场化运作为导向，以社会资本投入为主的特点。美国高校体育场馆资金主要来源有：1）制度性基金。公立高校基金来源于国家财政，私立高校根据制度由校董事会提供。英国和德国还有体育彩票基金支持。2）发行债券。利用高校信用，向民间风投机构或私人发行债券，这种方式已成为其高校场馆建设主要资金来源。3）特别募集基金。向校友及社会企业家募集资金。4）校际体育赛事收益。该资金虽非普遍，但金额也很可观。5）场馆收入。已建场馆收入盈余用来投入新建场馆，该费用有逐渐增长的趋势。6）企业捐赠。这种多渠道的融资方式更加社会化、多样化，资金得到有效保障，能使场馆发展更稳定。

当然西方国家高校体育场馆健全的运行机制和完善的管理体制，是高校体育场馆投融资渠道保持畅通的重要因素。在国家政府相应政策法规保障下，高校可以根据自身的特色，利用各方面的优势采取不同的自由方式吸引体育投资，吸收多方面的投资资金，成为本校体育经费的主要来源之一。

2. 场馆经营专业化

美国高校体育场馆商业化管理通过委托专业的场馆管理公司进行经营，其先进的管理经验、专业的设施维护人员、丰富的赛事资源、多方位的营销手段等优势，提高了场馆的利用率，增加了场馆收入，有效延长了场馆设施的使用年限，为学生、教工及社区居民提供了优质的体育社会化服务。有些委托运营公司还会委托其他专业机构来管理安保、票务、饮料、赞助及专业设备等业务，为其分担部门管理压力。英德两国则由社会体育社团、体育俱乐部或职业体育经纪人负责场馆的管理运营，团队和个人都具有非常专业的体育场馆设施维护和对外宣传、活动策划等运营管理能力和经验。目前，我国部分高校也将一些场馆委托给专业公司进行经营，极大地提高了场馆的利用率，也节省了人工成本和消毒成本，提高了经济效益。

3. 租赁方式多元化

西方国家高校大型体育场馆运营公司充分挖掘场馆可租赁资源，不限于场地等有形租赁，还将场馆冠名权、媒体转播权、赛事冠名权、广告发布权等无形资产进行租赁或出售。有形资产租赁包括体育运动场地出租、停车位出租、设施设备出租、广告位及商铺等周边设施出租，这些都给场馆带来源源不断的资金。

从20世纪90年代开始，美国高校体育场馆就通过出让冠名权来获取经济收益。到了21世纪，美国高校大型体育场馆冠名权转让费一路上涨，至1500万～4000万美元不等，转让时限也有15～30年，冠名权作为无形资产，已成为高校大型体育场馆开发的重要组成部分。美国丰富的体育赛事，不仅给他们带来浓烈的体育氛围，赛事的转播权也给美国高校体育场馆运营带来高额收入。如2004年美国大学生橄榄球决赛转播费高达3000万美元。另外，还有赛事门票及特许经营权收入。美国高校体育场馆租赁方式多元化，为场馆取得了良好的经济效益，这些资金可以用来改建和维护场馆，有效延长了场馆的使用期限。

我国高校体育场馆出租方式主要为体育场地、设施设备、广告位的租赁，少数走在改革前列、市场化程度高的体育场馆会将商铺、冠名权、赛事冠名权等出租，至于赛事转播权转让则相对较少。

4. 以赛为主，多项经营

在美国许多大学，学校的体育工作在整个学校工作中占有重要地位，且非常重视各类体育赛事，每年都要举办各种类型的校内比赛、校际比赛和校外比赛。校际之间的运动竞赛都由校长亲自过问，亲自推动，一些重要的校际体育比赛，校长们还常常亲临赛场，和学生们一起为参加比赛的校队呐喊助威。高校体育场馆除举办校际比赛外，还举办了数不胜数的校内体育俱乐部、中小学、社区、职业体育联盟等比赛，有时也将场地出租给其他校外体育比赛。

我国体育事业发展相比西方发达国家较晚，高校大型体育场馆主要功能还是为学校的体育教学、体育训练、大型会议和文艺汇演等提供活动场所，在日常使用中也大多改成羽毛球场地进行出租，缺乏体育赛事的支撑，主要收入来源于场地的出租，难以维系场馆的日常开支，许多高校体育场馆水电费、空调费等都依赖学校经费，而维修保养费也大部分来源于学校的专项维修经费。缺乏体育赛事的举办，高校体育场馆的主体功能也被弱化或异化，国有资产沦为沉滞资本。

对于我国高校现有大型体育场馆资源，其管理运营可以“以赛为主，多项经营”为指导思想，通过承办丰富而精彩的体育赛事，使大型体育场馆的核心功能得到更好体现，以极大地提高场馆的利用率。这样，不仅创造了良好的商业价值，也能调动师生们的体育运动激情，营造出一个健康愉悦的校园体育文化氛围，还能促进社区体育的活力发展，既获得了良好的经济效益，又使社会效益达到一个更高层次。校区体育场馆应充分利用高校集中的优越地理位置，联合开发“高校体育赛事”项目，共同举办联合赛事带动高校竞技体育发展，提高高校知名度以吸引更多的企业对赛事冠名权投融资。

（三）利用互联网技术，提升服务质量

互联网时代，从金融投资到企业电商，从火爆荧幕的弹幕电影到微信订阅号席卷移动终端，背后都有数据助力。移动互联网对各个领域的渗透加深，大数据席卷各行各业和人们生活的速度加快。信息技术与大数据的兴起也使得通过数据研究社会行为具有科学性与严谨性，从新加坡的“数字城市”便民计划到大数据助力全球环境研究，数字化已被引入社会管理的方方面面，高校体育场馆的数字化研究也被提上议程。

美国高校体育社会化服务高度市场化，通过不断加强场馆信息设施设备建设，增加更多的高科技设计及设备，给用户带来更高层次的视听感官享受、更舒适的体育健身体验及更便利的服务感受。科技的运用，除了场馆的硬件建设外，更应用在后续长期的管理与服务中。我国体育场馆发展过程中，对于场馆服务方面，也需进一步提高服务质量，让用户有更好的体育健身体验。

随着互联网新信息技术浪潮席卷全球，互联网技术的便捷性、实时性、准确性、高效性、服务性及安全性都给用户带来极佳的体验。如深圳大学结合互联网技术，开发体育场馆网络订票系统，将校园网和体育场馆资源信息化结合，学生和教工们可以通过校园网在线即时完成对体育场馆场地的预退订及场馆信息查询等功能操作，其便利性及服务性的优势使得参加运动的人数明显增加，有效提高了场馆的利用率，更好地发挥了体育场馆的公益性。互联网技术与体育场馆管理服务相融合，其“以人为本”的服务理念更融入场馆管理之

中，提高了体育场馆的利用率，能充分发挥体育场馆社会化服务。目前，国内外都着眼于运用互联网思维、大数据以及产业联动思维理念，旨在将场馆打造成“智慧场馆”，在硬件、软件以及经营模式的路径选择和营销推广方式上进行改革，进而推动体育场馆运营的智能化改革，为消费者提供便利、趣味的高水平服务，最终实现“智慧场馆”的社会和经济利益最大化，促进体育产业的发展。

第三节 河南省高校体育场馆社会化服务与管理优化策略

随着我国改革开放的不断深入，生活水平逐步提高，人民群众越来越重视对身体健康与精神文明的追求，体育运动需求日益增长。为更好地满足大众体育需求，河南省各地方政府不断加大对体育场馆的建设力度，积极推动公共体育场馆向社会开放。为提高场馆的利用率，河南省体育场馆的社会化服务模式不断优化，向市场化、企业化改革，既增加了场馆的经济效益又保障了体育场馆的社会化服务职能。

一、转变观念，提高认识，加强制度建设

为进一步满足人民群众体育需求，提高国民身体素质和健康水平，2014年10月，国务院将全民健身作为国家发展战略，并加快推动学校体育场馆向社会开放，提升公共体育服务水平。2017年3月，教育部与国家体育总局联合印发《关于推进学校体育场馆向社会开放的实施意见》，要求各地教育部门和体育部门不仅要加大对学校体育场馆建设与开放的经费投入，而且要协调当地公安、医疗等部门，建立健全学校体育场馆开放安全保卫方面的工作机制，积极为学校体育场馆向社会开放创造条件。

在健康中国和全民健身已经上升为国家战略的大环境下，学校管理层应转变观念，积极推动校内体育资源对社会开放，打造资源全民共享的格局。通过体育资源的对外开放，不仅能满足人民群众不断增强的健身需求，保障《全民健身计划》的贯彻落实，也能提高学校的知名度。体育场馆对社会开放不仅造福于人民、造福于社会，还能推动国家体育产业的发展，保障全民身心素质的优化，为民族复兴贡献力量。

因高校体育场馆的准公共物品性质，为保障其公益性，需要对其市场化改革程度进行一定限制，以免企业为追逐绝对的经济效益而损害人民群众平等的

体育健身权益。政府应发挥宏观调控管理的作用，不直接进行管理，但需制定考核标准并对服务效果进行监管，从而保障体育场馆公益性与经济性的平衡发展。

学校体育场馆实行对外开放，发挥社会化服务职能，政策是必不可少的保障条件。高校可积极跟政府、体育部门沟通、反馈，就实际工作中存在的问题申请政府政策保障和经济支持。如《高等学校体育工作基本标准》、《教育部关于印发〈学校体育运动风险防控暂行办法〉的通知》（教体艺〔2015〕3号）中严格要求，根据体育器材设施及场地的安全风险进行分类管理，防范和消除安全隐患。推动县级以上人民政府根据国家有关规定为开放学校购买专项责任保险，鼓励引导学校、社会组织、企事业单位和个人购买运动伤害类保险。

二、深化改革，推动体育场馆社会化服务市场化

随着国家经济体制改革的不断深入，体育场馆社会化服务也面临着改革。特别是在事业单位改革以及各地体育场馆管理体制改革的探索与实践背景下，体育场馆将逐步改变过去以事业单位为主的运营管理模式，趋向多元化，呈现出事业单位企业化运营、企业运营、非营利机构运营、委托经营和租赁经营等多种运营模式并存的局面。大学管理层应积极拓宽思路，在保障高校体育教学、训练需求的基础上，开展“以体为本，多种经营”的运营方式，借助校内体育场馆对外开放，吸引有实力的社会组织和企业参与进来，推动体育场馆运营机制的转变，推动场馆运营向专业化和社会化发展，由事业型逐步过渡到事业经营结合型模式，使得高校体育资源自我调整、自我更新能力不断提高，达到体育场馆社会化服务市场化的目标，此为新时代背景下高校体育场馆社会化服务改革的必经之路。

（一）深度挖掘场馆可开发资源，错峰使用场地

高校体育场馆在保证正常的教学质量与秩序之外，实行对外开放，以提高体育场馆的公益性与经济效益。运营者可在现有对外开放的基础上，深度挖掘体育场馆可利用资源，提高场馆的利用率，充分发挥场馆的公益性。通过对现有体育场馆进行局部整改，比如对健身房、瑜伽室的设施设备进行整改，改造成适宜对外开放的场馆，使体育场馆可提供多元化的体育服务，满足人民群众多层次的体育运动需求。

对于目前存在运动低谷期的场地，可以通过对运动低谷期进行免费或降低

收费标准的方式吸引部分人员错峰使用场地，也可以借鉴深圳大学发放运动基金虚拟货币的方式引导学生或教工错峰使用场地，提高场馆的利用率，达到全民健身的目的。

（二）利用学校人才资源，提供专业指导训练

随着公众健身意识的增强，公众对于健身的质量要求也逐渐提高，越来越多的人开始注重科学健身、针对性的训练，注重提高锻炼的效果。公众希望高校体育场馆在逐步提高开放性的同时，能够配置一定的社会体育指导员，定期提供一定的健身指导，以提高健身锻炼质量。如河南省高校可以利用体育学院聚集的大量专业性体育人才，并与体育学院、体育俱乐部、学生体育运动协会等合作，提供专业的指导训练，以吸引更多的学生、教职工、社会人员参与体育运动。

（三）部分场地出租给专业公司进行运营

高校体育场馆走社会化道路是改革的必然趋势，引进专业的公司或团队进行运营与管理，能提高场馆管理的专业化。游泳馆等养护成本高、使用率较低的场地也可逐步尝试委托给专业公司进行运营，既减少了水池消毒养护成本，又减少了人工管理成本，还能提高场馆利用率，也为体育场馆市场化摸索出一条改革创新的道路。

（四）租赁模式多元化

高校体育场馆不仅仅是将体育场地等有形资产进行出租，也可考虑将大型场馆冠名权、赛事冠名权、广告位等无形资产进行出租。无形资产出租的好处是既不影响及损坏场地的资源设备，又可以提高场馆经济收入，同时可以提高场馆及学校的知名度。无形资产出租带来的巨大经济收入又可以用来对场馆进行维护，延长场馆的使用寿命，进而充分发挥场馆的公益性，提高场馆的社会化服务。

（五）充分利用地理优势，举办赛事活动

美国高校体育场馆“以赛为主，多项经营”的运营模式，不仅给高校带来

巨大的经济效益，提高了学校知名度，也促进了更多学生及教工对体育运动的热爱，使他们增强了运动的积极性，养成体育运动习惯，达到终身体育目的。而广州大学城建设之初各高校大型体育场馆都是按大型比赛标准建设的，不同高校场馆建设需求不同，可以满足各类型赛事要求。可由大学城管委会牵头，联合大学城各高校及大学城体育中心，成立一个大学城体育竞赛联盟，积极举办高校与高校之间学生、教工联赛及社区居民的各类型联赛，形成一个年度体育赛事惯例，为整个大学城营造一个浓厚的体育氛围，促使学生、教工和社区居民都爱上体育，更加积极地投入体育运动当中。高校体育场馆通过这些联赛可带动社区体育甚至全民健身运动发展，充分发挥高校体育场馆社会化服务职能。

三、加强管理，开发多元化管理模式

（一）场馆复合设计与改造，倡导资源共建共用

目前，绝大多数高校场馆由于功能设计单一，附属设施开发不足，实际使用面积非常狭隘，经营定位又与周边其他系统场馆功能重叠，场馆的服务水平有待提高。因此，应充分调研在校学生和周边群众健身需求，加强现有场馆的复合化设计，投资一定资金对场馆进行空间整合与功能升级，应特别注意对体育馆地板进行可拆装式改造，以满足各类型活动对场地的要求，积极扩建室内场地空间，增添经营内容较强的体育设施（场地），全方位提高高校场馆经营管理效益。与此同时，在各方面条件允许的前提下，建议整合高校体育场地、社区体育场地和体育系统社会化服务资源进行共建公用，此举不但能够有效破除行业系统壁垒，实现资源活动共享，还能避免场馆重复建设和资源的浪费。

（二）实行专业化运营，提高运营管理水平

当前高校场馆自主运营模式已疲态尽显，实施专业化运营是未来重要的发展方向，对比传统运营模式，其在经营理念、场馆运行、设备设施保障、财务制度和市场开放等方面有着难以比拟的优势。而且，实施专业化运营可以充分发挥高校各方资源，依靠体育院系（学部）专业优势，为全民健身发展、青少年体育培训和国内外体育赛事等提供专业服务，积极为各企事业单位提供运动

会、趣味活动、比赛类活动项目，开展体育广告、体育产品开发和体育健康管理等服务项目。目前较为可行的路径，一是成立场馆管理中心，作为学校直属单位，全面保障高校的技术课教学、训练以及社会服务，开拓场馆经营业务；二是开展校企合作，尽快开放高校场馆经营权限，引导社会力量参与运营管理，借助其丰富的赛事活动资源和专业运营，提高高校场馆运营管理水平。

（三）吸纳专业经营人才，盘活存量人力资源

根据实际需求科学设置场馆管理部门，明确部门规章制度和岗位工作职责，按部门需求招纳核心人才（尤其是急需的市场开发专业人才），以整体提高场馆业务水平。实施“走出去，引进来”策略，积极开展员工内部培训和校外交流，盘活存量人力资源，有条件的高校可以赴国外高校场馆参观学习，汲取并借鉴国外体育场馆先进的管理理念，提高场馆的综合服务水平以反哺学校和公共体育事业。高校场馆的运营管理对提高大学生体质健康水平、促进公众健身参与和营造健康向上氛围发挥着至关重要的作用，如何提高高校场馆运营的综合效益，使其真正与使用需求挂钩，与城市生活、产业发展紧密相连，已成为重要的理论和实践命题。

四、以人为本，提升体育场馆社会化服务水平

体育场馆对外开放是为了给人民群众提供更多的社会化服务。坚持以人为本的服务理念，将有力提升体育场馆社会化服务水平。信息化技术时代已经到来，大数据的兴起使得通过数据研究社会行为具有科学性与严谨性，网络信息技术等之所以能快速发展，其根本原因是能够更大限度地满足人们的需要。也就是说，互联网本身就是在尊重人的基础上发挥其更大的力量让人性决定研发创新的方向，将互联网融合使传统行业更具人性化。

当今社会人们对消费、生活更侧重于“服务”和“体验”，从新加坡的“数字城市”便民计划，到大数据助力全球环境研究，数字化已被引入社会管理的方方面面。体育场馆管理层应该运用互联网平台，将数字化技术运用到运营管理服务中，利用云计算、大数据、物联网等现代信息通信技术，把互联网和体育场馆结合起来，以人为本，创新服务模式，打造“互联网+体育场馆社会化服务”体系，这既能提高体育场馆消费者与服务提供者之间的信息交互，消

费者也能因此体验到结合大数据提供的个性化服务。

（一）开设体育场馆微信服务号

微信公众平台（又称微信订阅服务号）由腾讯于2012年8月开发，短短几年间已经成为主流的信息传播渠道之一，是自媒体发声的重要渠道，也为党政机关、企业学校提供了一个新的传播平台。目前国内高校陆续开通了图书馆的微信公众平台，方便师生查询与借阅。随着智慧化校园建设，许多高校尝试将校园一卡通、学生个人成绩查询，甚至学费缴纳等服务一并放入其微信公众平台的服务中。

从趋势上看，师生对个人健康的重视程度较高，往后开通高校体育场馆微信公众平台的高校将会越来越多。在体育场馆微信服务号中，能开发个人健康管理，可以通过数据授权及接入，累计师生进入场馆锻炼时长、每日步数等，帮助师生实时掌握个人健康状况。

同样，我们可以在高校体育场馆微信公众服务号上增加个人体测、体检结果查询的功能，不仅方便学生查询体测成绩，也方便学生了解自己的身体健康状况。同时将学生们每年的体检数据、体质测试数据及运动锻炼数据结合起来，即将体育健身与医疗保健相互结合起来，这样不仅能够最大程度调动大家进行体育健身的积极性，还能通过体育健身来增强身体素质，再根据身体素质进行健身，使两者相互结合，相互促进，共同发展。

（二）开发体育场馆应用

借助国家对5G网络的大力建设、智能手机的普及以及手机等移动终端便携的特性，移动应用（又称APP）也成为提高管理者工作效率的重要工具。移动APP的开发是体育产业发展的一个重要方向。目前市面上主要有健身教学、运动辅助、体育新闻资讯、体育社交等多个类别的体育APP。

高校数字化发展的重要途径之一是开发移动应用（APP）。体育场馆移动APP一方面可使场馆管理者借助移动终端登陆，查看场馆实时数据进行管理，提升管理效率；另一方面可让APP使用者随时查看学校体育场馆使用情况，并通过移动APP进行体育场馆的网络预约、付款等，极大地方便了师生进行体育锻炼。

高校体育场馆APP的功能定位针对智慧校园中体育资源的发展状况，于手机客户端可分为7大功能模块，包括校园体育资讯、体育活动实时日程、体育社团管理、师生体质测试数据查询、体育课表查询、场馆指南以及科学健身咨询，可为学生提供全面的体育信息资源查询，帮助教师更好地进行体育教学管理，让学生更方便地利用现有的体育资源并积极参与体育活动。

（三）营造校园体育文化建设的人文环境

社团在大学生校园生活中扮演着重要的角色，其中体育类社团在校园生活中占据了半壁江山。通过APP进行体育社团信息管理，既能实现信息匹配，帮助具有不同兴趣的大学生发展体育爱好、锻炼自身和结交新朋友，同时各体育社团之间，也可以互动交流并进行社团人气排名PK，改变各自为战、互相脱节的局面，这都将为校园体育文化和社团文化的建设增添不少风采。

高校体育场馆的开发带来的益处是多方面的。除了使校园内各体育社团良性发展，提供校园体育资讯、体育课表、个人化体质测试成绩的查询等，还可倡导师生进行科学健身，不仅能够从功能层面满足在校师生的体育需求，更从深层次的文化与心理层面营造独特的校园体育文化氛围。

（四）建立便捷的体育场馆服务反馈模式

随着社交媒体的迅猛发展和公民自我意识的提高，现代网络用户已经从以往被动地接受信息转变成主动参与信息的传播，自由地发表言论和观点，无形中成为了服务监督者和信息的传播者。这种互动式交流模式已经在淘宝、大众点评、同城旅游等众多电子商务平台得到验证，用户对商户进行评论，其他用户根据评价来进行消费选择。

场馆可以在APP或微信公众号里建立服务评论模块，建立信息反馈模式，以及时收到用户的意见和评价，从而对场馆的管理和服务进行改进。通过这个平台，师生与管理处进行实时信息互动，充分发挥用户的主体作用，也提高了场馆服务管理水平。场馆还可在公众号或APP里建立专门的体育健身指导专栏，将健康、科学的体育健身方式传达给学生。同时，体育馆内可建立专门的网络化多媒体活动室或者健身活动中心，结合互联网技术利用多媒体或者触摸屏传播健康的运动方式或进行专业的健身指导，使学生们在进行活动健身的同时，根据资料及视频等学习到更多科学完善的体育健身知识和内容。

第四节　河南省高校体育场馆三维式管理策略

高校体育场馆作为支撑高校教育事业发展的基础配套设施，是学校办学条件的有机组成部分，是高校教学科研、学术交流、竞赛集会等大型活动开展所必备的硬件条件；同时作为学校的标志性建筑，体育场馆往往代表了学校的形象，在对外宣传过程中发挥日益重要的作用。功能齐全的现代化体育场馆，已成为一个高层次大学的标配。随着学校师生开展文体活动的需求日益增加，政府也迫切需要高校体育场馆发挥社会服务的职能。在这样的背景下，近年来国家持续加大对高校体育场馆建设的引导与投入，高校体育场馆建设已进入高投入、高标准、高科技的新阶段，不仅愈发注重外观设计，而且功能齐全，能够彰显科学规划功能并能展示学校的独特文化，高校体育场馆的建设已逐渐呈现出多元化、现代化的特征。但与之对应的体育场馆管理工作却较为滞后、粗放低效，在管理上尚未走出计划经济时期的行政性和福利性管理模式。

一、河南省高校体育场馆在管理方面存在的主要问题

（一）多头管理、标准缺失

高校体育场馆具有种类齐全、位置分散的特点，分布在多个校区不同的区域，给体育场馆的管理带来了较大的困难。大多数高校往往陷入粗放分散、杂乱呆板的管理困境，各体育场馆按照功能由不同的职能部门进行管理：一方面每个体育场馆均有独立的审批表格与流程，大多还是“手写表格，脚步流转”，手续复杂，审批效率低，且体育场馆使用信息无法实现全面、动态的透明与公开，师生预订体育场馆时常需要多头联系，分开申请，导致师生使用体育场馆时困难重重；另一方面，体育场馆使用频率高、人员密集、安全责任重，而多头管理导致安全运行规范以及体育场馆服务标准无法统一，考核体系不完善，极易滋生安全隐患，服务质量也参差不齐，整体水平较低。此外，管理分散使学校资源得不到合理利用和开发，并使部门之间形成利益摩擦，容易造成资源浪费，使体育场馆极易处于闲置状态，整体使用效率降低。

（二）注重建设、忽视运营

体育场馆建设作为改善办学条件的基础性工作，各高校一直高度重视。在建设前请专业的设计院进行体育场馆设计，建设时举全校各部门之力，投入巨大资金与资源，因此高校体育场馆在建成时，往往占据校区的重要地段，具有鲜明的风格，并配备现代化的设备设施，但是对其后续的管理、运营普遍不够重视。大多数高校把体育场馆管理问题简单化，认为只要能保证使用、维护好设备即可。现代化的大型体育场馆不仅维持费用高，而且还包括人员、水电、卫生保洁等方面的支出，随着体育场馆使用年限的增长和设备设施老化，系统维护与更新等专项支出也逐年递增。专业化的管理与运行可以有效提升场馆使用效率，并降低运行成本，但大多数高校没有成立专业部门进行体育场馆管理工作。由于经费的限制，以及选拔人才机制的僵化和待遇低下等掣肘。学校无法提供给体育场馆类专业性人才应有的待遇，因此不能很好地吸纳社会专业人士就职。体育场馆类工作人员往往都是由教职工兼职负责，因此岗位职责不清晰，无法聚焦服务，同时体育场馆管理普遍缺乏健全的运行机制，制度陈旧，方法老套，没有形成一个自我驱动的良性运行体系。因此，体育场馆投入使用后，不仅安全隐患日益增多，而且成本逐年递增，给学校带来了沉重的财政负担。

（三）闭门使用、开放不足

高校体育场馆往往由国家、学校投资建设，主要满足学校高等教育、师生服务以及重大活动的使用，具有较强的行政和公益性质，因此高校的体育场馆多注重行政安排，而忽视了运营。大多数高校体育场馆除了承接教学训练以及学校重大活动外，其他时间段都处于闲置状态。部分高校在满足学校使用后，虽然在工作时间以外将体育场馆面向教职工和社会开放使用，但开放不够规范，缺少统一的收费标准，多元化功能开发也不够，仅限于提供场地使用，没有形成多渠道、多形式、多层次的服务网络。因此，大多数高校的体育场馆没能充分利用市场机制，通过有偿开放形成自我造血、自我发展的模式，管理部门缺乏主动引入服务内容的积极性，校园缺少形式多样、高层次的文体活动，致使师生日益增长的美好生活的文化需要得不到充分满足，高校也无法充分发挥体育场馆的平台优势，无法通过承接有影响力的活动来宣传学校品牌和文化。

二、河南省高校体育场馆三维立体管理策略

高校体育场馆管理工作面临的诸多共性问题，影响了体育场馆的安全运行和高效使用，更制约了体育场馆工作的良性发展，在给学校带来较重负担的同时，又无法为师生提供优质的服务，国内多数高校的体育场馆管理工作都面临着“左手成本，右手服务，两只手无法有效配合”的矛盾。传统的分散管理、平面管理以及行政化管理模式已经无法适应现今高校体育场馆工作快速发展的现状，因此应致力于解决这一问题，将专业运行体育场馆、提升体育场馆使用效率、充分发挥效益作为目标，对高校体育场馆管理工作的各环节进行思考、分析和研究，充分利用体育场馆管理本身的特点，结合高校调研和实践情况，将“统筹化、标准化和数字化”的手段融入体育场馆的具体管理中，提出“集约化、专业化、智能化”的三维立体管理模式。

（一）统筹化集约管理

统筹是高效运转的基础，拥有种类全、数量多、体量大的体育场馆的高校可打破惯例，进行体制创新，建立新部门，统一管理学校的体育场馆，将单线管理转变为网状管理，实现对体育场馆的统一审批，灵活分配资源以方便师生使用，提高体育场馆的运行效率。首先，基于集中管理下的体育场馆需要一套科学的运行机制作为基础支撑，高校应分析自身体育场馆工作的特点，解剖工作流程，搭建整体机制框架，在框架里围绕职责担当、管理流程以及运行服务，以制度建设为抓手，逐步健全并完善体育场馆的管理机制。不仅包括体育场馆预约审批、场馆使用、场馆效益评估等场馆使用工作，还需覆盖人员管理、大型设备设施的维保、卫生保洁等方面，对体育场馆的日常运行加以规范，以制度管理体育场馆，用规范指导运行，并随着学校体育场馆管理工作的发展进行动态补充和更新。其次，在机制的指导下，体育场馆管理部门应统筹安排场馆，科学配置资源。一方面利用“扁平化”减轻流程“包袱”，整合并精简审批表，合理制定岗位职责，实行专岗专人的统一审批制度，提高审批效率；另一方面综合场馆实时信息，根据活动形式灵活分配场馆，确保师生需求得到全面满足，同时厉行节约，充分发挥集中管理的优势。部分辅助设备设施无须每个体育场馆配置，可统筹分配时间，实现共享使用。体育场馆大型设备设施比较集中，专业程度高，每年的维保费用总量多，可将同类型的维保工作

打包，通过招投标程序集中委托第三方开展，以有效降低成本。另外，随着民众文体活动的蓬勃发展和社会体育场馆资源不足问题的日益突出，国家各级政府均出台相关政策文件，鼓励学校尤其是高校的体育场馆逐步向社会开放。例如河南省政府明确规定：“公办学校在保证教学需要和校园安全的前提下，应当积极创造条件向社会开放体育设施。学校体育设施向社会开放可以收取必要的费用。”高校应充分发挥服务社会的职能，结合实际需求，根据政策导向，在体育场馆的公益与开放中找准定位，在满足校内使用的基础上，引入市场机制，将体育馆、会议中心等周边人民群众需求旺盛的体育场馆在闲置时段对社会开放，开展有偿服务。需要注意的是，高校须结合学校实际，合理制订开放方案并出台文件，明确开放时间、内容以及收费标准，并向社会公示，与此同时积极争取政策支持，向政府主管部门、教育行政部门申请资金补贴，鼓励社会各界尤其是校友以个人或团体名义对体育场馆的设施进行物质和资金捐赠，通过以上方式“以馆补馆”，减轻学校财务负担。此外，在开放中应注重提升服务、展示形象，以体育场馆为学校的“名片”，发挥其平台作用，宣传学校的积极形象，扩大学校在社会的良好声誉，从而在保障学校效益的基础上，节约运行成本，提升经济效益，创造社会效益。

（二）专业标准化管理

专业是事业发展的核心，体育场馆的安全运行、服务水平的提升、质量层次的提高都依赖专业化的管理。高校的体育场馆管理应紧紧围绕“专业”，通过打造专业团队，制定并执行标准化的流程，加强同第三方专业力量的学习合作，不断提升服务的专业层次。一方面，“以人为本”，建立专业团队，积极制定人才政策，通过提升发展平台与劳资待遇吸引公共管理、物业服务、工程技术、媒体宣传等学科领域的专业人才。这些成员不仅需要系统性的专业学科知识，更需要丰富的从业实践经验，团队应统一思想，明确自身体育场馆的工作理念，并根据工作人员特点与特长，科学安排岗位职责。鉴于体育场馆管理工作系统性强、头绪多，日常工作中应注重建立通畅的协作机制，加强交流与反馈，同时定期开展专题工作技能培训与交流研讨活动，加强人员的专业素养与团队意识，提高其主人翁意识，增强其管理水平。另一方面，高校应建立具有自身特色的标准化工作体系，包括标准化的管理规范、服务流程与考核规范。通过梳理、分解工作流程的每个环节并加以分析研究，以安全、高效为目标，对从体育场馆审批、入场布展、场地保护到活动现场管理、撤场的全过程制定规范的细则；同时制定全面的物业服务规范，包括消防监控服务、安保服务、保洁服务、大型设备运行服务等，将规范覆盖到每一个操作流程，且每一项服务都要明确标准，形成利于操作的程序化制度体系，实现规范化的制度管理。在具体执行时，首先注重安全工作的严格落实，建立大型活动安全保障的标准化体系，完善各类应急预案，实现“执行、检查、完善”的一以贯之。其次，建立完善的考核机制，量化指标，定期考核。高校可根据实际情况，灵活安排“月度—季度—学期—年度”考核，组织学校相关使用单位成立考核工作组，利用打分、现场评议等手段，确保客观、真实、公平地反映物业服务工作。考核应立足动态激励，要有奖有惩，以有效发挥考核的抓手作用。最后，在专业度高的大型设备设施维护以及体育场馆的开放运营等方面，因为成本、技术、政策等多方面问题，仅仅依靠自身团队往往捉襟见肘，在这种背景下，政府鼓励学校与专业化企业合作，以委托的形式开展相关体育场馆的运行工作。因此高校可根据体育场馆消防、监控、空调、舞台机械运行工作的特点及需求，集聚学校业务部门和企业、社会的专家建立智库，分类引入专业技术支撑，协助体育场馆管理部门解决大型设备设施运行维护的难题。在面向师生及社会开放的过程中，积极同专业的运营企业合作，利用他们丰富的市场资源、活动资源和宣传资源，引入各类高层次的文体活动，使高校体育场馆成为优先满足学校需求，兼具市场化运营的多功能大型活动中心。

（三）智能信息化管理

信息化是提供智能服务的利器，利用先进的数字化技术、移动互联网技术、云计算技术、物联网技术等搭建体育场馆管理信息化平台，实现体育场馆的智能化管理，可以有效地解决传统管理模式的弊端，变被动为主动，提升体育场馆管理层次。高校应结合体育场馆管理工作的广泛需求与个性特点，统一规划、集中架构，结合互联网技术，基于B/S架构搭建具有自身特色的体育场馆管理智慧平台，搜集、沉淀关于体育场馆工作的各项数据，通过对运营数据的统计分析，使其有利于管理者有效地提高体育场馆管理效率，做好体育场馆管理监控。平台架构如图3-5所示，通过集成个性化、模块化的系统，将庞大、复杂的体育场馆管理与体育场馆运行工作分解，从人工的机械管理转变为信息化的智能管理，为师生提供数字化、人性化的服务。

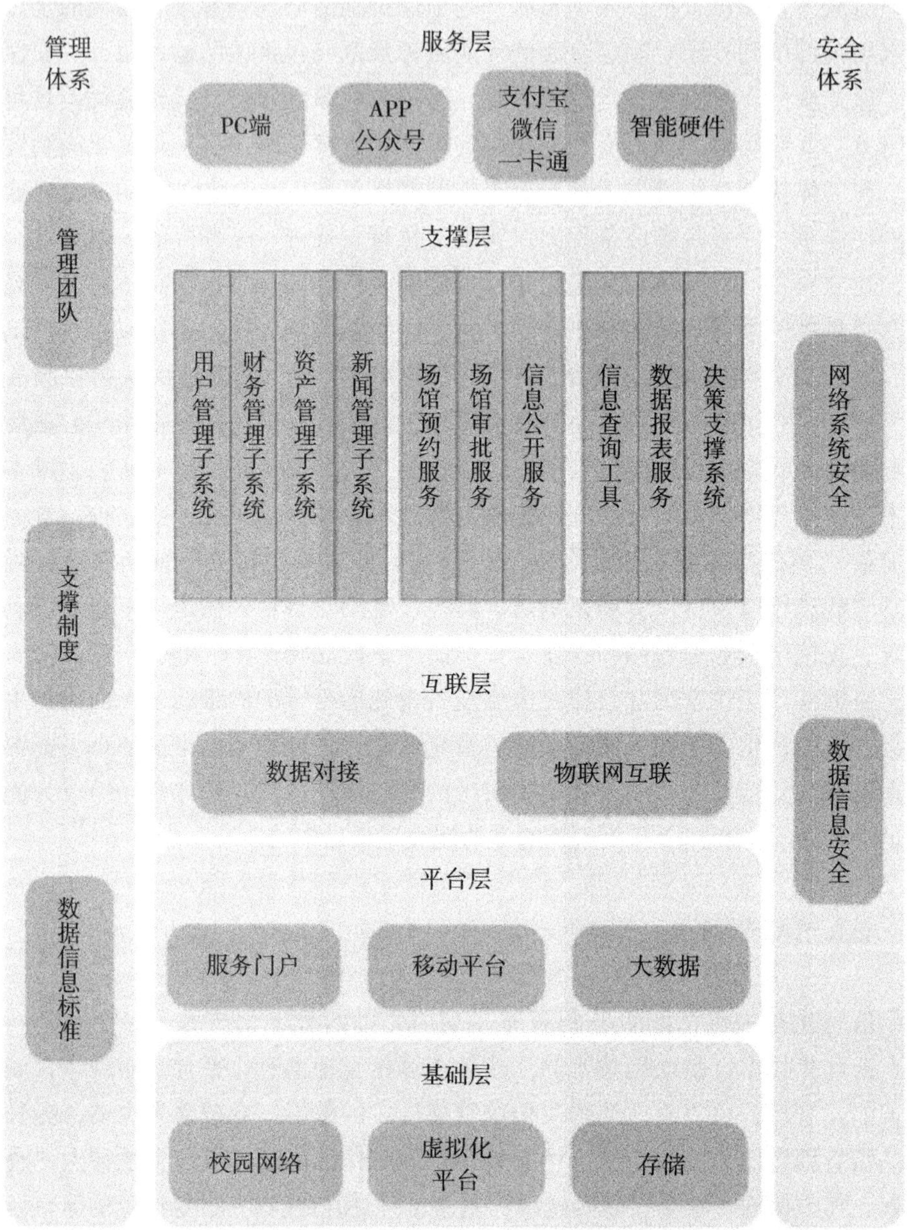

图3-5　河南省高校体育场馆运行平台架构

1）管理体系和安全体系是平台的组织与安全架构，包括管理团队、支撑制度、数据信息标准，以及网络系统安全、数据信息安全内容。2）基础层为平台提供软、硬件支撑，包括校园网络、虚拟化平台以及存储。3）平台层包括服务门户、移动平台和大数据，主要用于数据交换与共享，实现体育场馆智慧平台与校内其他关联业务系统数据的互联互通。在为体育场馆管理及体育场馆的大数据分析提供数据基础的同时，所有模块化的服务将以这些平台作为基础进行构建。4）互联层为数据交互层，依托于学校数据分析平台及体育场馆物联网建设，将体育场馆与学校的数据进行整合并互联互通，为智慧体育场馆及学校其他各个业务部门的信息化建设提供数据基础。5）支撑层是平台的核心层，整合了体育场馆智慧平台的所有模块，将人员管理、财务管理、资产管理等内容进行模块化。6）服务层是平台的入口，即用户可通过不同的入口包括服务门户、企业号、APP等，利用最新的RFID（射频识别系统）、人脸识别等技术实现用户身份认证与门禁通行权限，采取一卡通、支付宝、微信等多种支付手段实现在线支付，在体育场馆中可结合手环等智能硬件采集运动数据，为师生健康运动提供数据支撑。

体育场馆智慧平台体量大、功能多、建设周期长，在建设过程中，高校一方面须根据实际情况，合理规划，有的放矢，分期建设，不能贪大贪全贪快；另一方面可以依托高校完善的服务门户及大数据平台实现“场馆云”的建设。这样既可以节约投入成本，又能够避免二次建设，还可以通过大数据平台进行人财物信息的实时交换与共享。

我国高等教育目前处在深化改革、提升办学层次的新阶段，体育场馆作为基本教学条件建设的有机组成部分，是高校实现“双一流大学”办学目标的重要保障，因此体育场馆建设与管理工作将愈加受到高校重视，对体育场馆管理与服务水平的要求也相应提高。传统的粗放、分散、行政性管理模式已经不能满足体育场馆工作发展的需要，甚至在一定程度上制约了高校体育场馆建设以及管理工作的有序开展。如何管理离散的体育场馆资源，在确保学校师生及重大活动使用的基础上挖掘管理效能、降低运营成本、不断提升服务层次，是诸多高校亟须解决的问题。结合管理学、市场化运营以及信息化技术的应用，以人为本，充分发挥专业团队的主观能动性，通过集中管理、统筹调配、适度开放，对服务进行标准化、智能化改造，打造集约、专业、智能的体育场馆，将为高校的体育场馆管理带来一定的积极作用，也是未来发展的方向。

第四章 “互联网+高校体育场馆”社会化服务研究

第一节 “互联网+高校体育场馆”社会化服务现状

一、“互联网+”

“互联网+”是利用信息通信技术以及互联网平台，让互联网与各行各业深度融合，创造新的发展生态。它代表一种新的社会形态，即充分发挥互联网在社会资源配置中的优化和集成作用，将互联网的创新成果深度融合于经济、社会各领域之中，提升全社会的创新力和生产力，形成更广泛的以互联网为基础设施和实现工具的经济发展新形态。

2015年12月，“互联互通，共享共治”为主趣的世界互联网大会在浙江乌镇召开，大会表达了世界各国要坚持多边参与、多方参与，在坦诚沟通中化解分歧、凝聚共识，在共识中共建，在共建中共享，在共享中共治，在共治中共赢的观点。“宽带中国”的战略和互联网的行动计划，可弥合城乡之间的差距，提供无法想象的机会。迄今为止，国务院相关文件已经出现“互联网+医疗”“中国制造+互联网”“互联网+政务服务”“互联网+流通”等新的形式。由此可见，党和国家的政策明确了利用互联网发展新的经济形式、新的业态和新的商业模式的导向，是改善信息不对称，提高资源使用效率，促进创新与创业的新举措。

“互联网+”的内涵，根本上区别于传统意义上的“信息化”，或者说互联网重新定义了信息化。互联网是迄今为止人类所看到的信息处理成本最低的基础设施，具备开放、平等、透明等特性，使得在工业社会中信息/数据被压抑的巨大潜力得以爆发出来，转化成巨大生产力，成为社会发展进步、财富增长的新源泉。在互联网时代，信息化正在回归“信息为核心”的本质。

杜丽娜（2019）认为，当前社会随着科技全球化的不断发展，互联网已经成为当前社会资源利用的重要辅助之一。探究如何将科技创新资源整合与共享并与当前的互联网背景有效结合是未来寻求发展的方向。有国外研究者认为利用互联网技术进行学术活动既复杂又昂贵，在开发多个外科职能手机应用程序后，消除了财务障碍和节约时间，使用“互联网+外科学术活动”将会优于其他方式。

二、“互联网+体育场馆”

李克强总理在政府工作报告中首次提出，制定“互联网+”行动计划，推动移动互联网、云计算、大数据、物联网等与现代制造业结合，促进电子商务、工业互联网和互联网金融健康发展，引导互联网企业拓展国际市场。该说法一经提出，立刻激起千层浪，引起人们的关注和热议。各行业、各部门、各企事业单位都在思考、研究“互联网+”，并结合“互联网+”或以“互联网+”的视角制订计划、推动各项工作。为此，就高校体育场馆的使用与社会化服务工作，进行了“互联网+体育场馆”的思考和初步探索。“互联网+体育场馆”是将两者相融合，以“互联网+”为平台对体育场馆发挥推广、发展、应用等促进作用。“互联网+”能够将体育场馆各类风险降低并进行最优化处理。

虽然“互联网+”国家战略计划实施时间不长，但是产生了巨大的社会影响，其对推动高校体育场馆社会化服务具有重要的现实意义。针对高校体育场馆的管理工作，“互联网+体育场馆”，实质是高校体育场馆管理和使用全面实行信息化管理的过程，将场馆管理转型升级为现代化信息管理；工作人员可以全方位地科学化管理和使用大数据，充分共享信息，全面提高场馆使用率，提高场馆的经济效益。针对使用人员，从网络获取信息，根据自身时间和爱好，对需要的场馆进行预约和使用，可以很大程度上提高工作效率，减少排队等候时间，提升用户体验。

三、“互联网+体育场馆”发展现状

目前深圳、上海、北京许多高校体育场馆已利用先进的互联网技术，一定规模的场馆也都有微信公众号或APP，居民可以网上预约球场、网上进行缴费，球场也可以通过APP或公众号发布信息并且进行招募或者公告。

杨静云（2018）认为通过“互联网+服务”“互联网+思维”“互联网+平

台”三个方面能够达到满足用户需求、场馆经营模式灵活多样、大部分场馆资源整合实现场馆转型的目的。马妮（2019）认为通过“互联网+”能够解决场馆缺乏综合性、管理人才专业化程度低、缺乏共享体育其他资源等问题，以更好地进行场馆开发运营。傅钢强（2019）等人认为体育场馆依托“互联网+”进行运营是时空演变的动因也是时代推动的结果，要想创新体育场馆经营模式需要利用大数据时代的互联网。

但大多数高校体育场馆进行市场化运作还在初级阶段，并且功能简单、设施不全，对外开放场馆较少，要想进行全面的体育场馆社会化服务还需要进行线上的各种优化以及线下的配套设置。

四、“互联网+高校体育场馆”发展现状

改革开放以来，随着社会发展和社会主义事业建设需要，为提高我国人口素质、培养社会主义建设者、加快我国的现代化建设进程，我国高校的招生规模进行了调整。高校的扩招，师生规模大幅扩大，而体育场馆和设施的建设没能跟上师生增长速度，导致人均比大幅下降。改革开放以来和北京奥运会比赛场馆都是以高校为中心建设的，多功能综合馆基本上都集中在各大城市的大学校园内。改革开放以来，我国的体育事业得到了迅猛的发展，基础设施进一步得到了完善，且《学校体育工作条例》《学生体质健康标准》《全国普通高等学校体育课程教学指导纲要》对高校的体育和体育设施做了明确详细的规定，保证师生拥有足够运动面积和设施进行体育活动，然而，部分高校对场馆的利用率较低，没有充分发挥体育场馆的功能。国家体育总局发布的数据显示，在全国体育场地普查中，“第五次普查”到“第六次普查”，我国的体育场地数量有巨大的增长幅度，从“五普”的场地设施总量85万个，到“六普”总量达到了169.46万个，总量翻了一番；在全国体育场地中，体育系统管理的体育场地2.43万个，占1.43%，场地面积0.95亿平方米，占4.79%。从个数上来看，教育系统和体育系统占了68.48万个，约占总数的40.41%，从面积上来看，教育系统和体育系统占地面积11.51亿平方米，约占总面积的57.8%，教育系统数量和面积比重最大，为我国高校的正常体育和课外体育活动的正常进行提供了有利的保障，同时说明我国的体育事业和教育事业得到了迅猛的发展。

韩开众（2017）等人认为中国高校的体育场馆建设朝着综合性多功能

馆和现代化智慧型馆有序建设，目前存在的问题是高校有资金建设好高标准的体育场馆，但是由于大部分的高校体育场馆都是非营利性的场馆，主要用于教学训练和群体活动的开展，因此，高校没有足够的场馆盈利收入进行体育场馆的建设和维护，导致了“有钱修，没钱养”的局面，也就是说我国对高校体育场馆的建设专项资金投入仍然存在较大的差距，为培养“体格健硕”的高素质人才，高校应该加大体育场馆建设资金的投入。韦洪雷和刘旭（2016）认为以人工为主的传统体育场馆服务管理模式已经不能满足人们对体育健身服务的需求，基于互联网的体育场馆网络服务平台将逐渐成为场馆管理的发展趋势。通过高校体育场馆网络服务管理平台进行社会化服务与运营将是未来研究的一个方向。张晓萍（2016）等人认为应充分发挥高校体育场馆的功能，提高其使用率；在构建的人类命运共同体的倡导下，高校体育场馆也充分体现共享性、交互性、跨时空性的特点，打破“学校围墙”的壁垒，充分发挥“互联网+”和大数据信息化技术，实现场馆全民共享，提高高校体育场馆的运行效率，产生良好的社会价值和经济效益；互联网通过与高校体育场馆的深度融合，促进体育事业繁荣、促进互联网要素拓展，二者相互促进，共生、共荣。

五、“互联网+河南省高校体育场馆”发展现状

河南省完全使用“互联网+平台”进行高校体育场馆服务的高校较少，即使处于社会开放的高校也还处于试运行阶段。在试运行阶段，几乎所有的体育场馆，包括羽毛球馆、乒乓球馆、跆拳道馆，都有人预约，然而进行预约的基本上都是在校师生，周边社区民众很少预约成功。因为网页预约和微信预约对在校师生都有优先一天预约的快速通道，因此社会体育爱好者在场馆不充裕的时段基本上很难预约成功，只有个别运气较好的爱好者能够抢订场馆。场馆的开放共享是免费的，只有偶尔几个场馆象征性收取1元的租赁费。所有学生对此都十分满意，通过网页和微信预约，能够节省精力和时间，在特别恶劣的天气中还不会出现白跑一趟的尴尬局面。河南省大部分高校只是进行一两个场馆的开放共享，极少数学校进行了多个场馆的开放共享。而且在近几年也有部分中小学在政府的引导下进行了部分场馆的开放共享，但使用“互联网+平台”进行开放共享的学校还是相对较少。目前河南省大部分进行“互联网+体育场馆”开放共享的高校都是挂靠在某个APP实施，拥有独立的网页和公众号进行场馆开放共享的高校少之又少。

六、“互联网+河南省高校体育场馆”社会化服务面临的现实困境

（一）“互联网+高校体育场馆”场地供不应求

高校平时的体育教学任务繁重，学生较多。所以日常教学需要使用大量的体育场馆，特别是当高校组织一些特殊活动时更是如此。以运动会为例，高校运动会即集中全校学生在规定的时间里进行各种运动技能的展现。高校运动会是高校教学的重要组成部分，有着重要的意义。定期举办校运会有利于培养学生的团队意识，提高学生的团结协作能力；有利于培养学生坚韧不拔的顽强品质，养成积极向上的生活态度；有利于唤醒学生的竞争意识，培养学生的社会交往能力，因此组织高校运动会是一件有着深远意义的活动。但一旦开展此类活动，相关的体育场馆就会捉襟见肘，更没有体育场馆资源对外进行社会化服务。在我国很多高校尤其是中西部贫困地区，高校运动会不能正常举办的重要原因在于高校体育场馆匮乏，不能满足运动会对体育场地、场馆及设施资源的要求。召开运动会的先决条件就是要有充足的运动场地和齐全的体育设施，由于很多高校中各种体育场地严重不足，场地质量差、设施不完善的现状尤为突出，造成了部分高校无法正常举办各种运动会，更何况是进行体育场馆的社会化服务，如果强行进行社会化服务有可能会干扰高校日常教学与活动的正常运行。一些高校学生训练时间是在下午和晚上，锻炼人流高峰期也是下午和晚上，导致校内活动与社会化服务的时间峰值发生冲突。综上所述，高校体育场馆场地不足，导致供不应求，在保障教学任务和活动的情况下很难进行“互联网+高校体育场馆”的社会化服务。

（二）“互联网+高校体育场馆”管理人才短缺

高校体育场馆管理人才是指专门从事高校体育场馆管理的专业人才，同管理机构一样。目前，不管是在高等院校还是在中小学，专门从事管理体育场馆资源运行的人员严重缺乏。虽然随着体育场馆的发展，体育场馆管理人才的数量有了一定增加，国家层面通过定向委培和在岗人员培训培养了一批专门从事体育场馆管理和运营的人才，但“五普”到“六普”的场地设施总量翻番，很显然我国的体育场馆专门型人才相对于我国现存的体育场馆数量比例来说相当

匮乏。在落实“互联网+”战略计划和体育强国战略中，“互联网+体育场馆”的有机结合是一种全新的信息化大数据管理模式。因此，“互联网+高校体育场馆”的管理和运营人才弥足珍贵。大多数的体育场地、场馆的管理人员都是高校指定的体育教师或者相关领导或教职工的家属，只有极少数高校设有专门的管理人员，但这些管理人员也普遍缺乏专业的管理知识和管理技能。因而，“互联网+体育场馆”专业管理人才的短缺是当前高校中普遍存在的一个严重问题。由于高校专门管理体育场馆日常运行的管理机构、部门和具备专业互联网管理的人才缺乏，致使当前高校体育场馆设施的管理过于单一和简单化，如普遍存在场馆设施维护经验不足、体育器材的租借归还不清、不会保养等常规问题。

高校体育场馆，甚至社会公共体育馆等都出现技术性人才力量落后，相关人才培养青黄不接的情况。高校体育场馆由高校行政部门负责对外开放，但是其他方面职能由物业公司负责。虽然是以承包的方式给物业公司进行经营，但是物业公司能力有限，专业人才缺少，对于一些基本的管理知识还能了解一二，但是让他们妥善管理“互联网+高校体育场馆”这种新型模式未免有点强人所难。他们是直接与学生、教师，以及社区民众接触的人，那么如何处理问题、解决复杂情况是其必须具备的一项技能。物业公司的员工普遍素质不高，同时流动性较强，因此，在进行专门培训的同时还要考虑人员变动的情况。

“互联网+高校体育场馆”相关管理人员以及维护人员欠缺，首先诸多高校还没有机构能进行高校体育场馆的管理与“互联网+”维护管理复合型人才的培养；在全国范围内，由于相关人才的普遍稀缺，导致外省招聘也比较困难。因此，目前“互联网+高校体育场馆”社会化服务的场馆管理人员基本都是物业公司管理人员，很少有专业的管理人才。如何引进以及培养“互联网+体育场馆”管理人才也是更快更好地进行高校体育场馆社会化服务的一大条件。

（三）“互联网+高校体育场馆”技术支撑薄弱

随着“互联网+”与日常生活产生神奇的交互作用，其不仅与社会经济紧密结合，同时也对社会化服务的方式和生活方式产生了重大的变革。就体育社会化服务而言，通过“互联网+”对原有职能进行了丰富和创新，促进高校体育场馆资源的合理利用，满足人民群众健身娱乐的需求。然而，目前“互联网+”与高校体育场馆对外开放结合的相关技术还不是很成熟，有待在日后的运营中进一步完善。

高校互联网预约平台基本上是由本校的教师和学生共同开发完成的。虽然教师具有一定的软件开发能力，但是，缺乏对其微信公众号的粉丝数据的挖掘、场馆特色活动的策划和宣传推广，由于教师是兼职管理，其还有教学、科研等任务，时间和精力有限，只能基本维持日常应用，无法满足客户和粉丝即时跟进的要求，微信公众号的信息维护、推送更新不及时，没有充分发挥“互联网+”的功能。因此，要加大高校大型体育场馆“互联网+”社会化服务建设，尤其是对建筑和设备管理系统的研究与开发，APP与公众号等售验票关联系统的对接、智慧场馆办公系统、社会化服务系统、通讯保障系统、信息网络安全系统等的研发。由此可见，“互联网+体育场馆”是一个庞大的高科技信息化管理模式，仅凭高校自身的相关技术不足以提供支持，并且在数据化、智能化方面更加无法实现。在进行“互联网+”社会化服务后进行赛事、活动的承办时网络直播也是一个难题。“互联网+高校体育场馆”的相关技术仅仅依靠高校本身进行维护升级甚至开发是不现实的。

综上所述，“互联网+高校体育场馆”相关技术支撑薄弱，不利于社会化服务进程的开展。

（四）“互联网+高校体育场馆”资金来源单一

高校的体育经费一般由年度计划预算安排，使用和管理要求极为严格，一旦实施高校体育场馆与社会化服务，高校必然要加大对相关体育场馆设施、人力资源的投入。体育场馆免费开放会产生较高的水电费和设备维修等费用，这些都是高校额外的支出经费，长此以往，高校需要投入大量的专项资金，一旦场馆专项资金不足，就成了学校的负担，学校就不得不减少损耗，减少开支。因此，打消了其主动免费社会化服务的念头，导致体育场馆资源与社会共享之间形成一道“壁垒”。体育经费不足的问题使高校体育场馆社会化服务的推进工作变得困难重重。高校体育场馆建设缺乏政府稳定而又充足的财政资金支持，地方政府受自身条件的影响，要承担地方的各种发展事务，加上高校体育场馆资源建设是一件投资大、耗时长的发展项目，在诸多因素的影响下使地方政府难以承担巨大的财政负担，因此学校并没有多余的费用来弥补开放后增加的费用。通过访谈部分高校场馆负责人了解到，目前大部分学校基本上没有通过场馆收费获得收益，虽然对体育场馆进行有偿开放运营，可以获得一定的经济收益，前期基本能实现“以馆养馆”，但是随着场地老化，场馆的维修次数和费用大幅增加，就会出现“入不敷出”的现象。

综上所述，“互联网+高校体育场馆”资金来源单一导致社会化服务资金不足。

第二节　“互联网+高校体育场馆”社会化服务平台的构建

一、“互联网+河南省高校体育场馆”社会化服务平台构建的必要性和可行性分析

（一）“互联网+河南省高校体育场馆”对外开放社会服务平台构建的必要性

近年来，河南省全民健身事业蓬勃发展，人们的体育健身意识也在明显增强，参加体育运动的人口比例逐年增加。正是由于全民健身意识增强，导致现有社会健身资源已经远远不能满足人民需要，加强高校场馆的有效利用成为势在必行的大事。根据河南省体育局提供的数据，2020年河南省体育场地数量21.3万个，已建成两场三馆459个，88%的省辖市、67%的县（市）建成或在建两场三馆，乡镇和贫困村体育健身设施实现全覆盖，其他行政村和城市社区体育健身设施覆盖率分别达到94%和92%，人均体育场地面积达到1.82平方米。与此同时，针对一直困扰健身人群的“场地少、健身难、消费贵”问题，省体育局和省财政厅联合印发文件，要求全省体育系统所属的大型体育场馆及室外公共体育设施全部对公众免费、低收费开放，并明确了开放标准。

1. 河南省高校体育场馆对外开放网络化信息化发展的需求

我国在《2006—2020年国家信息化发展战略》中提出，努力完善综合信息基础设施，推进综合基础信息平台的发展，提升服务信息化和网络化。但是我国相关场馆服务信息平台建设处在初级阶段，尤其是河南省高校场馆对外开放服务平台资源非常零散，群众获取信息基本通过电话、电视、报纸或者单方面的场地信息发送等获得。对于高校场馆对外开放的服务平台更是几乎没有，这也使得大部分群众想健身但没有相关咨询来源。

当下，在“互联网+”与各个行业相结合快速发展的趋势之下，运用“互

联网+”推动高校体育场馆对外开放的步伐势在必行。通过“互联网+高校体育场馆”对外开放服务平台，可以实现在线发布高校场馆开放相关信息、在线交流、场地预定、健身服务、建立个人健身信息库、与体育局相关联实时观测大众健身情况以及场馆利用实况。通过“互联网+”还可以将体育咨询进行整合，实现体育信息共享，促进大众体育以及相关信息的发展。所以，通过网络技术发展相关体育应用，以及高校场馆对外开放咨询应着眼于网络服务平台。这可以加快高校体育场馆对外开放的步伐，也是可以实现体育咨询网络化快速发展的重要环节。此外，满足大众健身科学化、多样化发展的需求，弥补大众健身场地不足，加强现有场馆利用率发展的需求。社区周围的高校体育场馆在教学实践以外基本都是闲置，如加以合理利用，既可以满足人民健身的多样化需求、提升健身效果，也可以减轻健身路径压力。

2. 促进体育产业发展的需求

2016年12月，为加快发展体育产业，促进体育消费，根据国家、河南省关于促进消费结构升级、加快发展体育产业等文件精神，结合制定加快发展体育产业、促进体育消费实施方案。方案指出：以增强人民体质、提高健康水平为根本目标，大力实施全民健身国家战略，着力提高全民健身意识，促进群众体育与竞技体育全面发展，扩大体育消费需求和投资需求，培育新的经济增长点。充分发挥市场在资源配置中的决定性作用和更好发挥政府作用，创新体育产业管理体制和运行机制，完善体育产业链，打造特色体育产业，推动体育产业成为经济转型升级的重要力量。在群众体育赛事活动开展方面，除了“六赛两节两活动”这几个“传统亮点”，河南省体育局还坚持实施一市一品牌、一县一特色、一乡一亮点、一村一项目的“四个一”精品工程，针对不同层次、不同人群、不同类型的群众需求，引导各级体育部门开展丰富多彩的赛事活动，不断加大赛事供给。

促进体育与其他产业融合发展。大力支持“互联网+体育产业”发展，鼓励体育产业利用互联网开展商业模式创新，促进体育场馆信息化、智能化、网络化服务管理，支持企业借助大数据及互联网教育模式拓展业务，构建线上线下相结合的体育服务模式，做大体育用品销售电商平台。鼓励可穿戴运动装备、运动健身指导技术装备、运动功能饮料、营养保健食品药品和中医药运动康复服务等研发、制造、营销，加快培育和发展体育动漫、体育游戏、电子竞技、运动在线指导等体育新兴产业，大力推动体育与文化创意、商业地产、食品药品、养老服务等行业和事业融合发展。

总而言之，构建该平台可有效运用科技、资金、人才，利用“互联网+”开拓体育市场，推动体育产业优化升级，推动高校场馆对外开放步伐。

（二）“互联网+河南省高校体育场馆”对外开放社会服务平台构建的可行性

1. 国家相关政策支持，体育部门重视发展

国家和地区的政策对体育事业尤其是对高校场馆对外开放的发展影响力最大，因此构建河南省高校体育场馆对外开放平台离不开国家、地区和体育部门的重视。

根据健康中国建设的决策部署，为贯彻落实国务院《关于加快发展体育产业促进体育消费的若干意见》（国发〔2014〕46号）和国务院办公厅《关于强化学校体育促进学生身心健康全面发展的意见》（国办发〔2016〕27号）精神，教育部和国家体育总局联合下发《关于推进学校体育场馆向社会开放的实施意见》（教体艺〔2017〕1号），把学校体育场馆开放作为贯彻落实《“健康中国2030”规划纲要》和《全民健身条例》的重要举措。

此外，国务院印发的文件《关于加快发展体育产业促进体育消费的若干意见》提出，重视体育、支持体育并营造浓厚的体育文化氛围，将全民健身上升为国家战略。因此河南省政府大力响应号召，出台了一系列文件，抢抓经济建设的同时创造独具特色的体育氛围，如因地制宜发展攀岩、登山、冰雪、马术、射击、射箭、路跑、自行车、航模等运动项目，鼓励有条件的地方建设户外营地、徒步骑行服务站、自驾车营地、温泉康复基地等具有一定聚集效应的体育服务设施，推动竞技体育与大众体育共同发展。经济因素对河南省高校体育场馆对外开放构建平台的构建有很大影响，目前经济发展良好，为发展全民健身，加快高校体育场馆对外开放奠定了良好基础。

2. 网络技术发展，相关人才壮大，互联网运用普及

河南省高校体育场馆对外开放服务平台的建设是一个涉及多方面的网络系统，网络技术和科技人员的水平是建设服务平台的重要保障。我国互联网技术处于快速发展中，中国互联网信息中心（CNNIC）发布第47次《中国互联网络发展状况统计报告》。报告显示，截至2020年12月，我国网民规模达9.89亿人，较2020年3月增长8540万人，互联网普及率达70.4%。网络迅速发展和网民数量的增加为建立高校体育场馆对外开放服务平台奠定了良好的网络基础。高

新区聚集了大量互联网络人才，还有大大小小上百家网络技术有限公司的专门从业人员，为建设学校体育场馆对外开放服务平台构建提供了智力支持。

二、“互联网+河南省高校体育场馆”对外开放服务平台的框架构建

在构建河南省高校体育场馆对外开放服务平台的必要性和可行性基础上，论述河南省高校体育场馆对外开放服务平台的总体策略。

（一）服务平台构建目标分析

建设河南省高校体育场馆对外开放服务信息平台的战略推动全民健身，围绕“互联网+体育”响应国家号召，以切实解决我国当前面临的体育场馆教学属性和社会健身要求不匹配，高校体育场馆的设施资源不足、使用效益不高与高校、社会之间的供求矛盾。高校体育场馆服务平台建设的具体目标包括以下几方面。

①构建高校体育场馆对外开放平台，提升高校体育场馆的有效利用率。

②促进全民健身的繁荣发展，满足人民群众日益增长的体育需求，增加全民健身的多样性。

③加快高校体育场馆开放的步伐，使高校场馆开放更规范化、合理化，如健全安全管理、公布开放时间、确定开放对象、确定开放场馆名录、统一管理进入人群信息、明确收费信息。

④联动社会力量通过投资、冠名、合伙制、捐赠等形式参与高校场馆建设和开放工作，发挥网络信息的互联性。

⑤为体育工作者提供就业机会。推广社区体育指导员，社区居民大部分只知道社区指导员提供“健身知识传播”和“健身指导”，并不知道从什么渠道获得其帮助和指导，通过服务平台能使群众更快捷地得到相关信息和指导，提高群众健身的科学性，而且也可促进相关人员的就业。

⑥通过平台宣传体育社会化服务信息、体育咨询、体育赛事、体育活动等信息，提高辐射面，加大影响力。

（二）相关用户需求分析

随着全民健身不断发展，群众对体育服务的要求也不断提高，各类群体的

要求也是多种多样。分析用户需求是构建高校场馆对外开放服务平台的基础，以需求促发展。高校体育场馆服务平台就是整合一切体育资源和高校场馆资源，让供需达到匹配，因此平台服务对象为政府、高校、企业、体育工作者、群众几方面。

（三）服务平台构建框架分析

通过了解用户的使用需求，为了用户更好地使用网络平台，健身服务平台大致可以分成以下几个模块：场馆查询预订模块、实名制健身人群信息、健身指导模块、运动贴士模块、用户交流模块和联系我们模块（图4-1）。

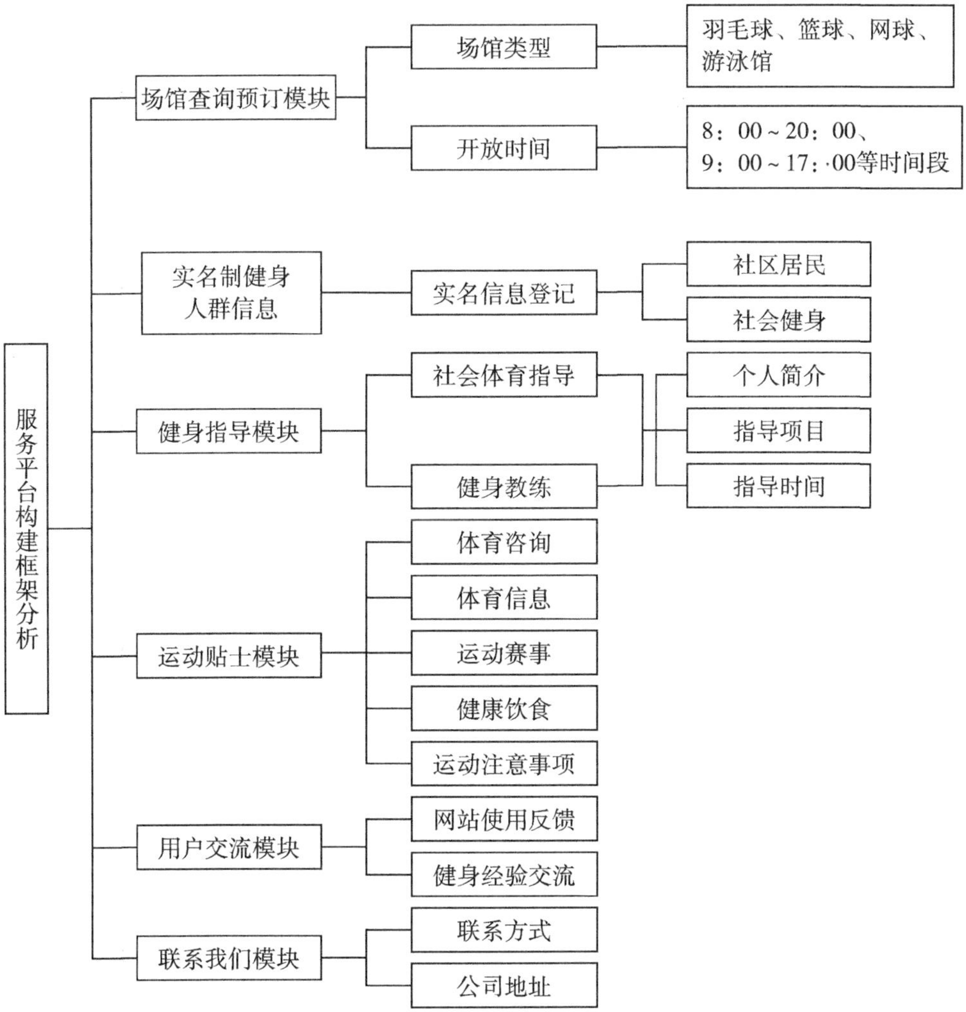

图4-1 服务平台构建框架

1. 场馆查询预订模块

场馆信息查询是指对高校体育场馆的地址、电话等相关信息进行网络搜索的一种方式，根据用户需要设置场馆区域、场馆类型和体育项目三种搜索类别，能够使健身者根据自己的需要找到合适的高校体育场馆进行健身活动。当用户点击到某高校体育场馆时，网络即可跳转页面对该高校体育场馆介绍、电子地图、开放时间、场馆电话和图片形式的场馆进行展示，能够直观有效地帮助人们了解场馆全部信息，加强高校体育场馆的透明度，减少了健身人群查找高校体育场馆的时间，为线下的健身人群带来便利。

与此同时，健身人群在查看到合适的健身场馆后可通过场馆预约功能预约场馆健身。通过互联网通信技术，将线下产品信息、客户需求等信息与互联网结合在一起，在线上完成预约和支付，通过网站发送短信验证码到高校场馆进行健身或消费。高校场馆建立场地预约系统，群众可从互联网查看场地信息，有效调整运动时间，也使高校体育场馆使用率不均衡的情况得以解决。

2. 实名制健身人群信息

高校的体育场馆对外开放必然会影响到安全管理、场馆的设施、教学区域和高校环境的管理，这就要求开放人群必须实名制进入。开放人群也可根据学区住宅和学区学生实名挂钩，即每所高校可针对本校学生家长以实名制信息进入校区进行健身，通过网络实名信息发送得到短信验证码即可到线下高校体育场馆验证入校。通过网络信息将健身信息与个人信誉度挂钩，既可以制约健身者爱护公共设施、环境，也对校园安全起到一定保障作用（图4–2）。

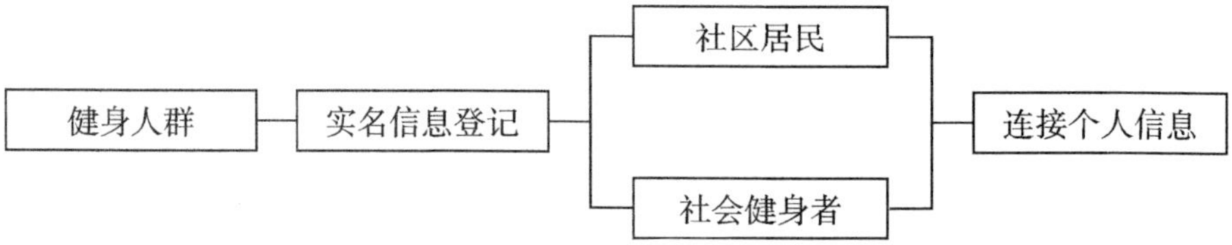

图4–2　健身人群管理系统

3. 健身指导模块

部分群众到高校体育场馆进行健身只为身心愉悦，但运用错误的健身方式会导致运动创伤的发生，这就需要专业的健身教练对其进行健身指导。“互联网+高校体育场馆”健身平台通过相关资质认证可对有专业技能资质的健身教练进行注册，将教练的个人信息公开在平台，通过文字、图片等形式对其进行全方位介绍，群众在预约健身场馆后可在平台与健身教练沟通训练时间，从而得到专业的培训或者专业的陪练指导，通过预约课程的形式进行线下健身活动（图4–3）。

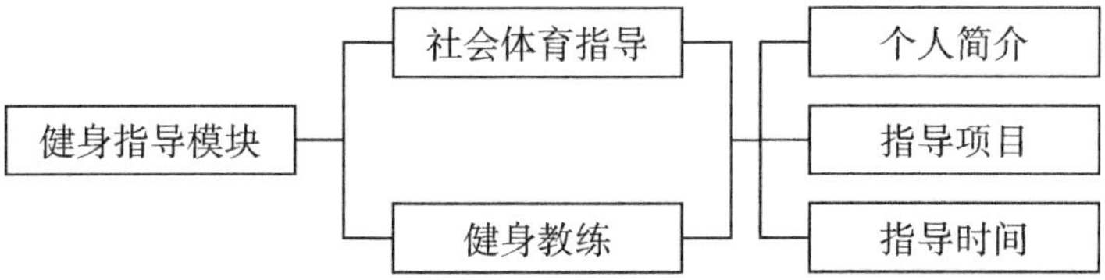

图4–3 健身指导系统

4. 运动贴士模块

运动贴士模块是为了使用户更好健身，为用户提供好的健身指导文章和意见而建立的。平台还可将各种体育咨询、体育信息、运动赛事以及有关全民健身活动日期、活动形式、活动名称、报名和规程公开，增加人们对体育关注度的同时激发健身运动兴趣，对于增强运动效果、促进身心健康都起到重要作用（图4–4）。

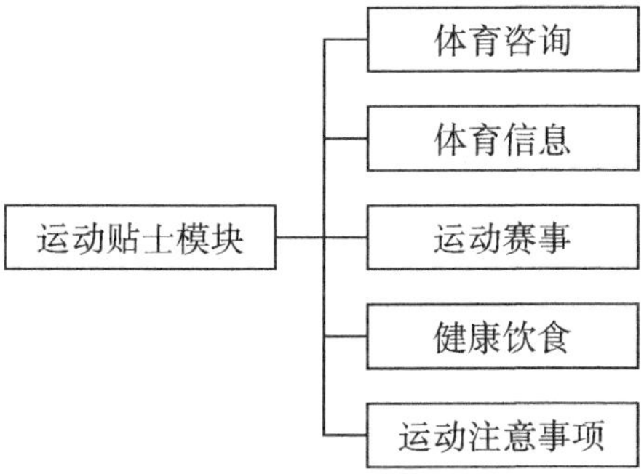

图4–4 运动贴士系统

模块中还提供良好饮食搭配、健身方法以及避免健身损伤等内容，使网络平台的用户更好地了解科学健身的好处和意义。

5. 用户交流模块

随着"互联网+"和体育的结合，越来越多的人们通过网络进行交流和沟通。首先，用户交流模块可以了解用户使用网络平台的满意度以及优缺点，从而使管理者能更好地管理和整改网络平台。其次，用户交流模块可以促使更多的共同爱好者进行经验和技术交流。因此，该模块不仅可以提供平台使用反馈意见功能，还可以寻找到共同健身的伙伴（图4–5）。

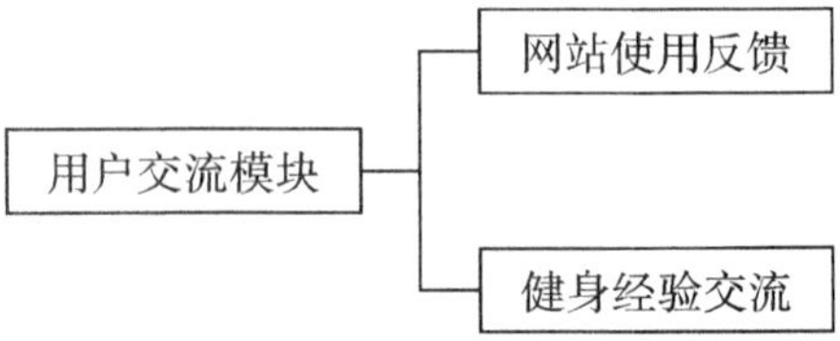

图4–5　用户交流系统

6. 联系我们模块

设立此模块是为了更方便地给用户提供服务，用户可以通过联系方式直接反馈建议，管理方快速地解决用户所面临的问题，使网络服务平台更好更快地发展。

（四）服务平台构建模式分析

目前，国内服务平台构建模式主要有三种，一是政府主导构建，二是政府主导引导企业构建，三是企业主导型构建。

1. 政府主导构建模式

政府主导构建模式是由政府出资统一管理的运行模式，政府主导构建模式优点在于政府出资构建服务平台，负责平台信息资源管理、收集、高校场地整理。这类平台公益性和事业化程度高，加上政府的大力投资，为群众提供了免费或者低价的场馆健身，适用于服务平台构建初期。劣势在于政府构建在后期的运作过程中会导致管理僵化，还会存在一定的局限性，市场的结合度不高，长此以往，高校场馆的后续维护会给政府带来较大的财政负担，不利于网站进一步运行和发展，也不利于体育产业发展。

2. 政府主导引导企业构建模式

政府主导和企业共同构建是由政府负责平台初始建设和公益推广，由企业后续跟进，进行管理和运行，政府和企业共同构建优点在于政府负责平台初始化建设，进行前期投资，如信息资源管理、收集、整理场地信息等，企业将进行后续投资构建、运营管理和交易，促进产业化的同时又兼具事业型。劣势在于政府和企业共同出资构建网站，职责方面无法进行细化，企业大部分被动运行，不占主导型，政府和企业的分工会有冲突，各部门工作积极性可能受限，不利于网站的发展和运行，加之优惠力度不够大，不能完全受众于大众。

3. 企业主导型构建模式

企业主导构建网站是由企业出资独立运行网站，优点在于该平台的信息资源管理、收集、整理场地信息等由企业自主决定，构建方案、运营策略和推广手段产业化气息浓。由于平台运行主要以盈利为目的，企业也会积极地通过数据分析和用户反馈及时调整推广和营销策略，不断更新用户体验，加之平台的竞争，会不断提高平台服务度。劣势在于企业自主经营没有得到政府的帮助，缺失部分真实数据的支撑，会导致平台数据统计受到阻碍，加之没有政府做后盾，与各个高校交涉会出现一系列难度，因此这类平台一般规模较小、内容不全，普及度相对也不高。

综上所述，“互联网+河南省高校体育场馆”对外开放服务平台的建立要保证其公益性和切实的惠民性，构建时要通过政府后盾，通过坚实的财力、物力、数据信息资源基础，对整个过程起到调控、把握和推动的作用。政府可通过招标委派或者购买的方式，以机构或者网络公司进行统一的管理和运作，逐步市场化、产业化发展，保证平台的可持续发展。

三、“互联网+河南省高校体育场馆”社会化服务平台构建与设计

本部分以网络服务平台、手机APP软件以及微信公众号平台3个平台为案例，讨论河南省健身服务平台创建的方式。

（一）网站模块的构建

1. 构建策略

河南省健身服务平台的创建可以借鉴其他优秀网络服务平台的经验，由政府投资支持第三方创建运行。

河南省政府部门以及体育局负责统计体育场馆、健身人群数量以及教练团队的数据信息，第三方技术人员上传数据信息到网站，用户通过绑定第三方工具以及手机账号进行注册，登录成功后即可进行网站使用。网站设计包含五个

部分：场馆预定、教练团队、运动贴士、交流专区以及联系我们。

场馆预定可由河南省相关体育部门进行高校体育场馆信息统计。政府相关部门可与有关体育场地签约，无偿使他们在网络服务平台上刊登公司介绍，进行公司宣传。而健身人群可通过网站查看附近空闲场地、挑选运动场地，健身完毕之后填写使用问卷反馈给管理方，从而进一步完善服务。

2. 构建步骤

为了使大众更好地明白网络平台的创建方式，因此尝试创建了一个简单的高校体育场馆对外开放服务平台的网站。选择创建平台的软件为建站ABC，在网站首页注册登录，选择各类型的网站模板。本网站选择的模板名称为“体育、健身”。

在建站ABC网站登录选完模板之后，接下来编辑网站模块内容，总共分为六部分，分别是“场馆查询预订模块”“实名制健身人群信息模块”“健身指导模块”“用户交流”“运动贴士模块”“联系我们模块”。将鼠标放到想要编辑的模块附近，会自动显示出编辑选项，然后按照自己的需求进行修改，最后点击保存选项完成修改。

编辑完大模块之后再编辑每个小模块里面的内容，例如在“运动贴士模块”中，编辑了三篇小贴士，只需把鼠标移到大模块周围单击编辑即可；在“实名制健身人群信息模块”中，使用身份证号和密码登录，同样只需把鼠标移动到大模块周围编辑即可。接下来的三个模块“场馆查询预订模块”“健身指导模块”“联系我们模块”均可按照以上模块编辑方式进行编辑。

（1）场馆查询预订模块

根据网站提示，在场馆查询预订模块点击场馆类型图片，进入之后就会出现健身区域、场馆类型和开放时间，可以使用户清晰地进行场馆查询和预订。

（2）实名制健身人群信息模块

用户登录网站之后，使用手机号和身份证号进行注册，然后绑定本人银行卡。注册完成后登录网站即可进行场馆预订等内容。

（3）健身指导模块

用户登录网站之后，预约健身教练，在预约好的时间进行健身和指导。

（4）运动贴士模块

在网站运动贴士模块可以阅读相关健身文章，观看体育赛事，使用户更好地了解健身、认识健身。

等网站所有模块编辑完成之后，点击保存选项，高校场馆对外开放服务平台网站的平台框架就创建完成了。

（二）APP应用平台构建

1. 构建策略

河南省高校体育场馆对外开放服务平台在创建APP时，可以通过国家的专项支持资金以竞标的方式委托给第三方负责创建和网络运营，例如网络公司、软件公司和技术公司等。在设计网络平台时应含有以下几个模块：场馆查询预订模块、健身指导模块、实名制健身人群信息模块、运动贴士模块、用户交流模块以及联系我们模块。

场馆查询预定模块是用户注册软件并登录，通过网络服务平台结合自己的时间、位置等要求预定运动场馆。建身指导模块综合了社会指导员以及健身教练等健身指导人员的个人信息、工作经验以及指导项目，可以为客户提供健身指导服务。运动贴士模块每天为客户推荐有关健身的文章、注意事项以及合理饮食等内容，使用户在登录网站之后能够学到健身的有关内容，为健身人群提供科学的理论依据。用户交流模块是为了使健身群众找到同样的健身爱好者而建立的模块，此模块不但能进行建身经验和健身技巧交流，还能够及时了解用户使用网络服务平台的心得，为网络服务平台的构建提供建议。

2. 构建步骤

为了使大众更好地明白网络平台的创建方式，因此尝试创建了一个简单的APP手机应用软件，创建过程如下。第一步，注册建站ABC并填写软件相关内容，最后确定APP软件名称为“×××高校体育场馆对外开放服务平台”；第二步使用网站设定内容框架，有以下六部分：“场馆查询预订”“实名制健身人群信息”“健身指导模块”“运动贴士”“交流专区”“关于我们”。其中前五个部分内容下面分别有各自的推送内容。

“场馆查询预订”推送的内容为篮球馆、羽毛球馆、网球馆、游泳馆，大众根据自身需求自行选择；“健身指导模块”的内容为教练简介、社会体育指导员介绍以及他们所擅长的指导内容分类；“运动贴士”的内容为发布最新运动咨询、体育赛事、体育合作信息，以及运动中的注意事项、健康饮食搭配以及健身计划；“关于我们”的内容为平台的简介以及运用的注意事项。所有内容编辑完成确定保存后生成APP，如需改动可通过账号进入平台进行内容修改。

（三）微信公众号平台构建

1. 构建策略

微信公众号平台可以通过政府支持委托第三方进行创建，场馆信息、健身指导员等信息由政府采集信息进行网上录入，确保信息内容真实有效，从而使用户在使用时得到了更好的安全保障。微信平台使用人员较为广泛，首先，可以使用微信公众号平台推送一些体育相关内容，例如体育咨询、运动贴士、体育赛事以及全民交流；其次，在场馆预订模块上，使微信公众号平台和子软件APP相关联，使用户能够更加便捷地通过网络预约平台进行场馆预定。

2. 构建步骤

为了使大众更好地明白网络平台的创建方式，因此创建了一个微信公众号平台。首先填写公众号性质和基本信息进行认证，公众号名称为“高校体育场馆对外开放服务平台”，微信用户可通过搜索名称或扫描二维码关注该平台。

在公众号创建过程中，首先，要为微信公众号平台设置关注之后自动回复的功能，用户可以通过回复“健身教练”“场馆”等内容获得场馆信息及教练简介；其次，每天要推送一篇运动贴士以及健身饮食搭配等相关内容的文章，提升大众的健身损伤和合理饮食意识；最后，设置公众号平台模块，模块分为三部分：场馆查询预定、健身指导和全民互动。

公众号平台所具有的场馆查询预定、健身指导和全民互动三个模块中，场馆查询预订包含高校体育场馆的场馆信息和开放时间等，大众可以结合自身情况进行健身；健身指导包含健身教练的简介和社会健身指导员简介等内容；全民互动包含群众的使用反馈和健身经验等内容。

第三节 “互联网+高校体育场馆”社会化服务路径

一、加快“互联网+高校体育场馆”场地建设

改革开放以来，我国社会生产力迅速提高的同时社会物质财富日益丰富，

极大促进了高校体育事业和社会体育事业的快速发展。当前我国经济社会正处于中高速发展的时期，政治经济体制改革步入深水期。随着经济体制改革的不断深化，经过党和国家的不断努力，我国经济正由高速增长向高质量发展转变。当前，我国高校体育场馆资源不足、分布不均的现象尤为突出。部分高校在本校教育教学、开展体育活动上难以自给自足，很难再进行社会化服务，还有一部分高校出现了体育场馆资源闲置的现象。对于体育场馆资源丰富的国办重点高校或经济条件较好的高校而言，实行体育场馆自治管理的根本难题是缺乏相应的体育配套管理机制，其自身突出问题在于现有制度的粗放化、部门职能的模糊化以及管理机构的缺失。而当前很多高校体育场馆发展初具规模，体育场馆不足问题得到了改善，这些高校逐渐出现了体育场馆闲置的问题。有些高校也采取过相应措施，但高校缺少专门管理体育场馆对外开放的配套机制，实行起来会遇到诸多困难。

“互联网+高校体育场馆”可以建立网上预约实名制，可以在网上购买统一的“公共责任险”，还可通过“会员制”进行开放，由社区、街道牵头组织，通过成立体育俱乐部和发放电子卡进行统一管理。通过互联网平台可以将进入场馆人员的运动规律、周期、喜好全部记录下来，注册时增加病史的调查，以最大程度降低安全风险。对入场人员进行行为记录管理，对每个注册的用户添加信用积分系统，对于每次进行预约后，开始前半小时内取消、未到场但未进行取消，场地内与他人发生语言甚至肢体冲突等不良行为都会进行扣分处理，低于一定分数则无法进行场馆预约，低于更低的分数时将无法进入场馆。在每个场馆进行预约时，还可发送电子的安全须知与各类运动的方法方式。在单人或双人健身锻炼的体育场馆中，比如羽毛球场馆、乒乓球场馆等，设置一个专门的管理人员进行安全提示，并让每个管理人员熟练掌握准备活动的动作，要求每个人在网上进行预约之后，必须仔细查看安全须知和运动前的准备活动，防止受伤。在多人团体运动场馆中，比如篮球场馆、足球场等场地设置一个科学运动辅导员。要求每个上场运动的人员查看安全须知，并在网络上进行实名认证进行病史登记和信用登记。在辅导员比对之后确保不是高危人群方可上场进行运动。这样可以很好地管理出入的运动人群并降低安全风险。

通过管理模式变革和政府参与管理的方式，分担安全风险，使学校的合法权益在发生安全事故之后多一份保障，也在发生事故之前多一份保护，更有利于带动周围社区群众体育的发展。高校体育不仅仅要为高校自身服务，还要肩负起应有的社会责任，带动周边社区体育的发展也是高校体育发展的重要内容。高校体育场馆实行“互联网+”新模式管理运营，可以通过向周边社区有偿开放，让周围的居民在良好的环境中进行体育锻炼，从而带动群众体育的发展，这既是全面落实全民健身计划纲要、落实体育强国战略，也是贯彻“互联网+”计划的重要途径。

针对具备社会化服务条件的高校，首先，应该下放权力，设置专门从事高校体育场馆的管理部门，清楚划分管理部门职能，制定严格的规章制度管理高校体育场馆的运行。“互联网+”模式下运营体育场馆能提高高校体育场馆使用效率。高校在实行“互联网+”运营的过程中要防止体育场馆经营管理腐败问题，有关部门应该建立一套有效的监督机制，切实履行高校廉政建设的主体责任，提高场馆运行的透明度。实现“互联网+体育场馆”社会化服务管理运营，制度建设是根本。因此，针对此类高校的现实状况：一是政府应转变职能，深化减政放权，让高校拥有充分的自主管理权，这样既有利于减轻政府的财政压力，又有利于高校体育和社会体育的发展；二是完善政策支撑，用法律手段确保社会体育和高校体育规范有序地运行；三是强化高校自身建设，让高校能够进行“互联网+”体育场馆的社会化服务。

因此，政府与社会可以在不影响高校体育场馆管理的情况下，依托当地经济优势，充分利用各种资源，加大对高校体育的投资力度和监管力度，建设一个完整的体育场馆维护体系，使损失和浪费最小化，使效益和惠民最大化。

二、促进“互联网+高校体育场馆”人才培养

“互联网+高校体育场馆”的新模式需要引进具有专业的管理知识、经济学知识以及法律知识的管理人才。在实际的体育场馆管理中，怎样在经营现有体育场馆的前提下进行“互联网+”新模式的变革，采取有效的经营策略对管理者而言是一种巨大的考验。

针对以上现状，高校可以采取多种措施培养和引进优秀的专业人才。具体可以采取以下措施：一是自主培养人才。在我国，有很多的综合性院校、师范类院校和其他专业管理学校设有相关的管理专业，这些高校可以利用其学科优势，结合自己高校的体育场馆特点，培养从事体育场馆管理的人才，实现高校人才的供应。二是开设体育场馆管理的专业。高校根据市场的需要，开设“互联网+体育场馆”管理运行专业，以弥补国内此类人才的缺失，实现高等院校与高校体育场馆管理人才的对口输出。三是提升高校“互联网+体育场馆”社会化服务意识，强化“互联网+高校体育场馆”社会化服务管理。实行“互联网+高校体育场馆”新模式运营后，高校需要更高素质的领导者，才能把高校体育场

馆运行统筹好。

在培养互联网技术和体育场馆管理的复合型人才上，要全面依靠社会力量，而不能仅靠高校一已之力。高校培育的管理型人才仍然注重理论层面，而管理工作主要是在实际中解决问题，因此要加强高校和社会的对接，积累岗位实践经验，人才培养需要落实到专门型、应用型。“互联网+高校体育场馆”管理人才的培养模式可以采用“校企合作”的模式，一方面培养掌握先进理论的高素质人才，另一方面培养应用型复合型人才。在高校方面，特别是体育院校，应多举行关于体育场馆管理、维护知识方面的培训。例如2017年10月首都体育学院举办全国高校体育场馆管理人员培训班等。争取做到专业的人做专业的事，并且建立“互联网+体育场馆”的运营团队。体育场馆作为高校体育教学资源的重要组成部分使高校与体育场馆构成了一个整体，体育场馆在整体中充当着高校体育事业的子系统。

体育场馆是高校体育事业乃至整个体育教学质量提高的基础。如果说体育场馆是一个系统，那么“互联网+高校体育场馆”的团队就是使这个系统高速运转的组织者。一支懂规划、晓建设、知管理、能操作的自治团队是高校体育场馆实现可持续发展与“互联网+”新模式能运行的关键。这个团队应由队长、副队长、器材管理员、场馆负责人、财务管理员、网页或APP管理者等组成。队长是整个团队的核心，在整个团队的运行当中发挥着举足轻重的作用，专门管理这个团队和为体育场馆资源的经营管理实施决策性经营。队长不仅需要有主体意识还需要有一定的担当，要具备相应的管理知识和互联网运营维护相关知识。副队长是队长助理，是整个团队的二号管理人员，同样需要有队长一样的精神品质和管理职能。器材管理员是整个团队的关键，体育场馆是由许多部分组成的，每个部分都有相应的器材、器械帮助运动者练习运动技能，一个管理器材的人不仅要有不怕吃苦的精神，还需要服从管理并具有保护高校财产的责任意识，更需要跟网页或APP管理者多沟通以实现现场和互联网平台的同步更新。一个好的器材管理员可以使器材的寿命最大化、减少经济损失、提高场馆的使用率，从而增加体育场馆的收益。场馆负责人是对体育场馆进行日常管理和维护的人员，是整个高校体育场馆自治团队运转的基础，所以场馆负责人不仅需要具备较高的责任意识和管理能力，还需要具备服务大众的意识。场馆负责人的主要职责是维护消费者使用体育场馆的秩序。财务管理员是整个团队的后勤，其主要工作就是收费、记账和出纳；由于是与“互联网+”相结合，所以不仅有现金收费还有电子转账，也需要与网页或APP管理者沟通衔接。网页或APP管理者是整个团队的核心，整个团队都是围绕网页或APP进行管理运营的，所以不仅需要掌握网页或APP相关的操作，更需要平时对网页或APP进行维护管理和日常的及时更新。

三、研发“互联网+高校体育场馆”技术应用

研制一个系统、全面的APP能够对所有愿意进行社会化服务的高校体育场馆进行资源整合。“互联网+”具有大数据统计的功能，能通过平时用户的使用情况、周期、峰值时间进行反馈，从而解决时空矛盾等问题。在人员管理部分，由于APP是一种商业运营的模式，那么进行APP开发的供应商自然会有专业专项的人才进行APP的管理升级。安全问题也会由高校、个人双方变为三方承担，也降低了相对应的安全风险。高校体育场馆社会化服务的APP开发应当在以下四个方面进行着重研究。

（一）高校体育场馆APP目标研究

高校体育场馆APP的目标定位：一是从国家层面推广全民健身和体育强国国家战略，到个人的“每天锻炼一小时，健康工作五十年，幸福生活一辈子”；二是充分实现体育场馆资源和信息的共享和实时性，为客户提供开放信息和科学运动教学资源，以及提供社会体育指导服务；三是为自身教学、科学研究以及竞训群体工作服务，采集数据，为科学指导与主动健康科学研究服务。

（二）高校体育场馆APP功能研究

高校体育场馆APP作为高校体育事业对外展示的一个平台，也是对校内体育资源的一个整合，但其目的是要为师生服务，为社会服务，为全民的体质健康生活服务。主要功能是要呈现一个网络化的体育健身平台，如今其他学科利用APP开发已形成一定体系，但体育场馆的社会化服务还处于初步发展水平。

高校体育场馆APP要充分发挥网络的实时性、信息的开放性、与人的交互性、资源的共享性，开发出有利于在校师生教学、科研和管理，便于社会群体健身锻炼的平台。给师生、社会公众提供丰富的体育场馆资源甚至是教学资源，丰富使用者个性选择的时间和空间，创新体育场馆社会化服务的方式。

（三）高校体育场馆APP结构研究

高校体育场馆APP应该为用户提供一个更为直观开放性并且有实时交互性的网络平台。这既会增加用户相关性体育锻炼方面的知识，又能提高用户体育锻炼的积极性，符合我国全民健身战略。

根据高校体育场馆的特点开发APP平台，其结构应具备三大板块：宣传科普板块（主要发布体育热点新闻、重大体育赛事，发布场馆开放信息，科普科学健身以及体育史等，受众主要是社会群体；主要是为了推广全民健身和提高场馆使用率）、资源下载板块（主要提供体育教学资料、直播教学、网上答疑等，实现优质资源共享）、后台管理板块（主要包括师、生信息化系统，公体成绩，专项成绩管理等，其面对的对象是本校后台操作的专业管理人员和授课教师、学生）。

（四）高校体育场馆APP内容研究

高校体育场馆APP结构下三大板块、三大子平台具有六大特色，分别是最新体育热点（最前沿的体育资讯、体育活动资源的整合）、优质教学资源（高校体育教学的辅助和资源展示）、体质健康测评（对自身体质健康进行测试）、运动处方与运动康复（运动处方制定原理、运动损伤防治、运动恢复与康复）、健康管理与运动影响（指导大家合理膳食搭配）、社交（留言栏、在线答疑栏）。

四、拓宽“互联网+高校体育场馆”资金来源

由于社会发展越来越快，居民物质生活越来越好，人们渐渐把重心放在了身体健康上，人们越来越认同“身体是革命的本钱”。现在中国社会的主要矛盾是人们群众对美好健康生活的需求与发展不平衡不充分之间的矛盾。当前，我国现有的公共体育设施还不足以满足大多数社会公众的锻炼诉求，因此拥有大部分体育场地的高校有责任和义务打开大门迎接公众的锻炼需求。

中共中央、国务院于2016年10月25日印发并实施《“健康中国2030”规划纲要》，加快健康中国建设，提高人民健康水平，为早日实现中国梦打好坚实

的基础。全民健康是健康中国的基础，是民族复兴、人民幸福的要求，是人民群众对美好生活的向往。这一纲要的颁布为高校体育场馆对外开放的进程推进了一大步，纲要中的第六章便是提高全民身体素质，第六章第一节就讲到要完善全民健身公共服务体系，要做到统筹建设全民健身公共设施。最终目标就是在2030年人均体育场地的面积达到2.3平方米或以上，能够让所有符合开放条件的公共体育场地设施和企事业单位包括高校体育场地设施向全体公众开放共享。政府的购买服务同时也是公共体育场馆设施供给模式的重大创新。2015年11月，国务院颁布了《关于加快发展生活性服务业促进消费结构升级的指导意见》（国办发〔2015〕85号），明确提出“推进政府购买服务，鼓励有条件的地区购买养老、健康、体育、文化、社区等服务，扩大市场需求”，将“高校体育场馆”纳入政府购买服务范畴。采取政府购买服务的方式将是未来发展的趋势。以社会效益的创造，提高企业的知名度和公信力，在惠泽于民的基础上充分体现社会效益与经济效益的完美结合，为其经济效益的实现奠定坚实的基础。而经济效益的提高又反哺于社会效益，如此形成良性循环，为实现校企联合兴办公益事业，为满足公众需要，为高校与政府合作提供了可循之路径。

在资金来源方面，除了政府以外，还可以通过高校体育场馆市场化运营进行资本累积。随着市场化进程的不断深入，独具特色的“互联网+”高校体育场馆社会化服务，将在激烈的市场环境中凸显其强大的核心竞争力。

下面从经营策略、运营方式以及组织形式上探索如何发展“互联网+高校体育场馆”。

一是APP注册现场刷卡积分的经营策略。在市场经济环境下，很多企业在激烈的竞争中和同行业之间展开了经营策略上的博弈，最终为企业占领了市场，获取了利润，打造了在消费者中影响力较大的品牌，树立了企业良好的信誉和形象。所谓的刷卡积分方式，就是每个消费者包括在校师生在APP上注册会员，然后生成一张电子卡，校内的师生每次参加课外体育锻炼时在管理人员那里刷卡，系统会根据其参与锻炼时间的长短进行积分，每个积分段对应不同的兑换细则。高校在每学期期末通报学期总积分，兑换出来的电子券可以用来抵扣其他时间使用体育场馆的费用。也可以将积分纳入学生期末成绩和作为素质评优、教师职称评定的一项参考内容。校外的消费者可以通过积分抵扣现金的方式进行场馆预订。采取这种经营对策，势必会改变高校的现状，将高校师生过去被动参与体育锻炼变为主动参加体育锻炼，调动了师生参与体育锻炼的积极性；使师生全面参与体育，唤起了师生对体育的重视，有利于形成人人参与体育运动的氛围，更加充分地挖掘现有场馆的利用价值，避免高校体育场馆闲置。此外，可以把这种策略推广到周边社区甚至整个城市中，激发全民体育锻炼的积极性，为高校体育场馆吸引更多的消费者，提高高校体育场馆的经济效益。

二是建立多种体育组织，发展特色体育。发展独具特色的高校体育组织具体可以从以下几个方面着手：管理制度方面，改革过去高校使用的体育组织管理体制，设置具有专业管理职能的组织机构，聘请具有专业知识的管理人才，在制度上领先竞争对手，使高校体育组织管理向低成本、高效率的专业化方向挺进；运动项目方面，为满足消费者的多样化需求，高校应改变过去单一的体育组织运动内容，引进高校没有的和其他社会体育场馆无法提供的运动项目，以便在市场中树立自己的竞争优势；体育组织教学方面，高校体育要实现“互联网+体育场馆”新模式，还需要创新体育教学方式，聘请高素质的体育教练，只有这样，在“互联网+体育场馆”新模式中才会有更多人报名参加运动技能的培训，高校体育组织才能在市场环境下找到属于自己的立足点。虽然体育组织建设在我国各大高校中已经有了一定的发展，但是这一方式还未普及。高校体育场馆不仅是学生体育爱好的聚集地，也是能够盈利的场所。它有利于培养学生的体育爱好，带动全校学生参与体育运动，吸引更多社会公众参与锻炼，为高校带来经济收入，促进高校体育场馆的管理。所以建设丰富多彩的体育组织，不仅是高校体育的一大特色，更是推进“互联网+高校体育场馆”新模式顺利实行的有力武器。

三是采取多样化的运营方式。随着社会生产力的不断提高，物质财富高速增长，人们的各种需求也呈现多样化和多元化的特征，在这种环境下，建设多样化的经营方式以满足消费者多元化的需求，从某一角度上关系着企业的成败和生存。在物质文明高度发达的今天，人们的消费不再仅仅满足于物质需求，而是把健康需求置于物质需求之上。体育消费作为一种精神文明消费，对于中年人来说可以缓解工作压力，对于老年人来说可以促使身体健康，对于儿童来说可以促进其健康成长，对于女性来说是塑身的不错选择，对于男性来说是提高力量、提升体质的渠道。正是因为体育锻炼的这些作用，使参与体育锻炼的人群不断扩大。所以，对于“互联网+高校体育场馆”新模式来说，这是一个值得开发的市场，有着广阔的发展前景。“互联网+高校体育场馆”新模式还将不断挖掘其市场化价值。

在“互联网+高校体育场馆”新模式中，引导社会资金进入高校体育场馆领域，从而多渠道得到高校体育场馆建设、维护资金。除此之外，各种体育俱乐部可以向高校提供体育运动设施和项目，丰富高校的体育场馆和内容，促进其管理，实现体育场馆资源的共建共享，互通融合。

综上所述，利用“互联网+”拓宽资金来源渠道是高校体育场馆社会化服务的重要推进力。

第五章　高校体育场馆社会化服务安全研究

第一节　高校体育场馆社会化服务安全因素与问卷设计

一、河南省高校体育场馆社会化服务安全因素

本文通过问卷调查法对锻炼者各安全因素引发安全事故的可能性进行7级量表分析。高校体育场馆在向公众开放期间的安全问题不同于场馆行使教学职能时所出现的安全问题，由于日常教学人员比较单一，只是师生之间的活动，并且学生的一切活动都是在教师的监护和指导下进行，运动环境较为安全；而体育场馆向公众开放后，高校相对稳定的治安环境发生转变，社会人群涌入高校，随之引发人身安全、财产安全等问题，主要包括师生与外来人员的冲突、锻炼者之间的冲突以及参与者和学校的财产安全问题。锻炼者增多势必会加快器材的耗损度，而器材缺乏维护又会反作用到锻炼者身上，形成恶性循环。

针对这一论题，问卷对高校体育场馆社会化服务的安全问题进行分类，主要为以下四种类型：人为因素、物的因素、管理因素、环境因素。正式调查问卷包含基本信息甄别、锻炼者对场馆安全问题的认知情况以及个人信息的收集。问卷第一部分是基本信息，第一项是筛选人群，确保被调查者都是在高校体育场馆社会化服务期间利用场馆进行体育锻炼的人，以及被调查者的健康程度、锻炼基础以及受到的运动安全事故类型。问卷第二部分为四个类型的安全问题，其中人的因素7个题项，物的因素7个题项，管理因素8个题项，环境因素3个题项。题项的设计主要是根据专家访谈结果以及前人对高校场馆社会化服务安全问题的测量因素来确定的。问卷的第三部分主要是调查被调查者的性别、年龄、收入、职业、学历等基本信息。问卷所涉及的被测题项均采用Likert7级

量表，分别为1分（完全不可能发生）、2分（不可能发生）、3分（比较不可能发生）、4分（中立）、5分（比较可能发生）、6分（可能发生）、7分（非常有可能发生）。

（一）人为因素

高校场馆社会化服务过程中出现的安全问题首先考虑的是人为因素，由人引发的安全问题主要分为以下几类（表5–1）：

表5–1　河南省高校体育场馆社会化服务的人为安全因素

变量名称	代码	题项内容	来源
人为因素	AF1	锻炼者具有心血管类疾病	吴娟（2019）
	AF2	锻炼者缺乏安全教育	吴志民（2017）
	AF3	锻炼者器材操作不当	黄大志（2018）
	AF4	锻炼者准备活动不足或者不重视	吴志民（2017）
	AF5	锻炼者缺乏科学的锻炼方法	类延钊（2017）
	AF6	锻炼者心理素质较差	类延钊（2017）
	AF7	打架斗殴事件	吴志民（2017）

锻炼者具有心血管类疾病。外来锻炼者是否具有心血管类疾病是不可控的，开放期间并无关于安全监护的人员，在有疾病的情况下进行体育锻炼风险指数较高，容易发生安全事故。

锻炼者心理素质较差。外来锻炼者在进行冲撞类运动时，发生肢体冲撞，很容易出现不满、愤怒的情绪波动，无法有效管控自身情绪而引起冲突。

锻炼者器材操作不当。锻炼者大部分来自校外，在锻炼过程中，因对健身器材不了解或者操作失误造成运动损伤。

锻炼者准备活动不足或者不重视。锻炼者在大多情况下，都会对准备活动不够重视或者做得不到位，导致在接下来的运动过程中很容易引起肌肉拉伤、抽筋等问题。

锻炼者缺乏科学的锻炼方法。锻炼者大多运动基础差、经验不足、没有科学的锻炼方法，出现动作不到位、姿势偏离等问题，盲目运动不仅无法达到锻炼身体的目的，更会对身体造成不可逆的损害。

锻炼者缺乏安全教育。安全教育指以运动安全为主旨的教育类型，包括健身器材安全检查、衣着、自身健康状况等因素。日常教学训练由教师传播安全知识，锻炼者安全知识的匮乏容易引发安全事故。

打架斗殴事件。进行体育锻炼的人群来自不同的文化背景、社会阶级，决定了价值观、承受能力的差异，各种因素造成情绪失控，很容易引发冲突。包括锻炼者之间以及师生与外来人员之间的冲突。

（二）物的因素

安全事故的发生离不开人和物两大主体，人的不安全行为与器材的不稳定状态共同造成了事故的发生。物的安全因素（表5–2）分为以下几类：

表5–2　河南省高校体育场馆社会化服务的物的安全因素

变量名称	代码	题项内容	来源
物的因素	PF1	场馆疏散通道设计不合理	李凯（2012）
	PF2	缺乏医护设备	李凯（2012）
	PF3	消防设备配备不足或不合理	刘金栋（2013）
	PF4	观众席、围栏等设计不合理	黄大志（2018）
	PF5	缺乏器材维护	黄大志（2018）
	PF6	锻炼者财产丢失	吴志民（2017）
	PF7	学校财产丢失	吴志民（2017）

器材维护。由于高校体育场馆是服务于大学生日常教学训练的场所，而为响应全民健身的号召，面向社会服务后，社会人群涌入校园，使器材的损耗度严重升高。如果没有定期维护，被损坏的器材很容易造成人员受伤。

医护设备配备情况。在场馆承办赛事以及大众锻炼期间，易出现运动损伤、晕厥等情况，若场馆缺乏必要的医护设备和医护人员，伤者得不到及时的救治，很容易加重损伤的程度。

消防设备配备情况。开放过程中发生火灾，消防配备情况直接影响事故的严重程度。

馆内观众席、围栏等设计。承办大型赛事时，馆内人口密度过大，或者观看比赛过程中过于激动，一些微小的动作都有可能引发安全事故从而引起骚乱，由于观众席设计不合理或是围栏质量不合格，而出现坠落或者砸伤之类的伤亡事件，此类安全事故应引起重视。

疏散通道设计。在场馆对外开放的过程中，人口密度大，当发生意外情况时人群造成慌乱的情况下，疏散通道的设计对事故的发生有直接影响。

财产安全。包括锻炼者财产安全、学校财产安全。在对外开放期间，大批外来人员汇入，校内师生及锻炼者的财产安全受到威胁，学校财产安全同样受到外来人员的威胁。

（三）管理因素

高校缺乏系统的安全管理机制。高校场馆一般都是由体育学院直接管理，或者学校特设管理部门。安全管理经验及重视程度不足，管理层面认知有偏差，认为只要保证正常的教学训练就是完成了工作任务，因对外开放而引发的一系列问题都是听之任之的态度，从而诱发安全问题（表5–3）。由于管理原因引发的安全事故类型如下：

表5–3 河南省高校体育场馆社会化服务的安全管理因素

变量名称	代码	题项内容	来源
管理因素	MF1	管理层决策失误	刘金栋（2013）
	MF2	缺乏安全预案	
	MF3	经费不足	彭英等（2017）
	MF4	管理者安全意识不足	
	MF5	缺乏专业指导或安全员	黄大志（2018）
	MF6	管理者策划组织能力不足	
	MF7	管理者处理突发事件的能力不足	韩颖等（2015）
	MF8	安全管理制度不完善	李凯（2012）

安全管理制度。管理者工作重点大多放在日常教学上，对场馆社会化服务的关注不够，对外开放的安全管理制度不完善，从预防、监测到事故后的处理

方案都没有明确的规章制度。在事故面前欠缺经验，又无章法可循，是高校场馆社会化服务期间发生安全事故的重要原因之一。

管理者安全意识不足。对外开放期间，管理者较高的安全意识可以有效地预防安全问题的发生。

经费问题。场馆对外开放器材的损耗度严重升高，而学校缺乏解决此类问题的经费预算，器材的维护滞后，恶性循环造成器材的危险系数增高，锻炼者受伤的概率增加。

专业指导。开放期间锻炼者多为非专业人员，大多身体素质较差，并且缺乏科学的锻炼方法，对运动的安全性、科学性认识不足。管理者可以合理配置安全员及健身指导数量，以减少运动损伤的发生。

管理者策划组织能力。管理者的策划和组织能力会直接影响场馆安全事故发生的可能性以及事故的处理效果。

管理者处理突发事件的能力。在安全事故面前，管理者处理突发事故的能力直接影响事故的严重程度。

管理者决策失误。管理者决策出现失误会引发安全事故。

安全预案。制定场馆对外开放的安全预案，减少安全事故的发生，为社会化服务的进程保驾护航。

（四）环境因素

环境安全是近些年来比较受重视的高校场馆社会化服务的安全因素，此类安全事故虽然发生概率较小，但是灾难性较大，在场馆安全管理层面需要加强重视程度。高校场馆社会化服务中环境因素引发的安全问题有对外开放或是承办赛事期间人员众多，当发生骚乱时会引发踩踏事件；注意用电安全，避免火灾等意外的发生；当来往人员增多，而学校道路空间相对狭小，来往车辆难免引发大大小小的交通事故。高校场馆更应该有完善的应对策略，保证人的安全以及赛事的顺利进行（表5-4）。

表5-4　河南省高校体育场馆社会化服务的环境因素

变量名称	代码	题项内容	来源
环境因素	EF1	违规用电	黄大志（2018）
	EF2	拥挤踩踏	刘晓军（2011）
	EF3	交通拥堵	

二、预调研

为了确保问卷的设计质量及有效程度，进行前期预调研工作，采用问卷调查的方式收集数据，用SPSS软件对数据进行信度效度检验。

信度分析是采用克隆巴赫α系数的方法，分别对本问卷的四个维度进行信度检验：人的因素、物的因素、管理因素、环境因素。克隆巴赫α系数值是大于0且小于1的，当α值小于0.7，认定研究结果是不可信的；α值大于0.7且小于0.8，认定研究结果可以接受；α值大于0.8且小于0.9，认定研究结果是可信的；α值大于0.9，认定研究结果有较高的可信度。在信度分析的过程中如果*CITC*值小于0.3，则认定该题项设计不合理，再分析删除之后的α值是否有提升，如果有提升则要考虑删除本题项。

效度检验采用建构效度的方法，进行*KMO*和巴特利特球形检验，*KMO*系数值是大于0且小于1，数值越大说明效度越高，越适合做因子分析。一般规定*KMO*值大于0.7，说明适合做因子分析。*KMO*值小于0.5时不适合做因子分析，说明问卷设计的内容存在问题，进行问卷调整。

（一）信度检验

用SPSS软件对数据进行信度检验，如表5-5所示高校场馆社会化服务安全问题信度检验显示，高校体育场馆社会化服务安全问题四个维度的克隆巴赫α值为0.939，0.954，0.954，0.918均大于0.6，认定问卷有效，研究结果是可信的。且*CITC*值大于0.3，说明题项设计合理。

表5-5　河南省高校场馆社会化服务安全问题信度检验

测量变量	题项	*CITC*	删除项后的克隆巴赫α	克隆巴赫α
人的因素	AF1	0.817	0.928	0.939
	AF2	0.793	0.930	
	AF3	0.861	0.923	
	AF4	0.674	0.939	
	AF5	0.846	0.925	
	AF6	0.850	0.925	
	AF7	0.759	0.933	

（续表）

测量变量	题项	*CITC*	删除项后的克隆巴赫 α	克隆巴赫 α
物的因素	PF1	0.859	0.945	0.954
	PF2	0.890	0.943	
	PF3	0.797	0.950	
	PF4	0.857	0.946	
	PF5	0.892	0.942	
	PF6	0.745	0.954	
	PF7	0.854	0.945	
管理因素	MF1	0.875	0.945	0.954
	MF2	0.729	0.954	
	MF3	0.842	0.947	
	MF4	0.849	0.947	
	MF5	0.841	0.947	
	MF6	0.881	0.944	
	MF7	0.732	0.953	
	MF8	0.891	0.944	
环境因素	EF1	0.808	0.902	0.918
	EF6	0.841	0.875	
	EF7	0.852	0.866	

（二）效度检验

根据效度检验，删除题项PF1，MF5，对最后的17个题项进行*KMO*值与巴特利特球形度检验。如表5-6所示高校场馆社会化服务安全问题的*KMO*值为0.730>0.7，显著性为0.000，球形度检验结果显著，说明该数据适合进行因子分析。用SPSS软件对所得数据进行因子分析，采用主成分分析的方法，并且观察旋转后的矩阵结果如表5-7所示。数据表明，从问卷数据中提取出4个因子：人的因素、物的因素、管理因素、环境因素，与被测问卷维度一致，并且累计方差达到78.996%，大于60%，说明该问卷结构效度良好。

表5-6 河南省高校体育场馆社会化服务安全问题效度检验

KMO取样适切性量数		0.730
巴特利特球形度检验	近似卡方	1283.844
	自由度	300
	显著性	0.000

表5-7 河南省高校体育场馆社会化服务安全问题探索性因子分析

测量变量	题项	成分			
		1	2	3	4
人的因素	AF1	0.119	0.065	0.866	0.169
	AF2	0.107	0.226	0.818	0.089
	AF3	0.208	0.087	0.869	0.089
	AF4	0.002	0.159	0.745	0.053
	AF5	0.151	0.077	0.868	0.084
	AF6	0.227	0.131	0.850	0.109
	AF7	0.079	0.029	0.835	0.003
物的因素	PF1	0.050	0.878	0.228	0.098
	PF2	0.064	0.920	0.014	0.125
	PF3	0.072	0.842	0.159	0.026
	PF4	0.204	0.896	0.002	0.022
	PF5	0.037	0.911	0.112	0.004
	PF6	0.077	0.826	0.063	0.034
	PF7	0.231	0.873	0.159	0.031
管理因素	MF1	0.895	0.023	0.103	0.067
	MF2	0.787	0.109	0.173	0.048
	MF3	0.860	0.108	0.143	0.083
	MF4	0.873	0.044	0.188	0.023
	MF5	0.847	0.141	0.162	0.183
	MF6	0.890	0.044	0.188	0.023
	MF7	0.811	0.099	0.112	0.077
	MF8	0.905	0.053	0.172	0.020
环境因素	EF1	0.017	0.047	0.226	0.899
	EF2	0.253	0.028	0.175	0.884
	EF3	0.155	0.085	0.041	0.924

第二节　高校体育场馆社会化服务的安全问题

本文通过实地考察和专家访谈的方式，与河南省高校场馆的管理者进行交流，针对场馆社会化服务、场馆安全、安全管理制度、采用的措施等问题进行详细的了解，现将河南省高校体育场馆社会化服务过程中存在的安全问题总结如下。

一、场馆设施类安全问题

对外开放的进程不断加深，前往锻炼的人员不断增多，随之而来的器材损耗问题不断凸显，器材的维护经费不断攀升。年久失修的器材得不到维护无疑加深了安全风险。并且场馆社会化服务多为公益性开放，采用免费或者低收费的方式进行运营，场馆运营往往是入不敷出，显然填补不了器材维护的空缺。学校管理制度不完善，管理者压力不断加深，却又没有对应的解决办法，造成恶性循环，阻碍高校体育场馆社会化服务的进程。

二、承办赛事引发的安全问题

高校体育场馆社会化服务有两大主营地：一是为全民健身计划提供场地，二是承办赛事和演唱会等大型活动。在承办大型活动期间有各种安全风险，包括场馆设施的破坏、入场及退场时发生拥挤、人群发生骚乱、用水用电等安全问题。所以这就要求高校体育场馆完善安全管理制度，制定完善的预防及应急机制，定期组织管理者进行安全培训等。

三、场馆运营类安全问题

场馆一般是由免费开放和收费开放并存的经营方式进行对外开放的，由于高校场馆社会化服务目的是为全民健身提供场地，场馆基本上是本着公益开放来运营的。所以针对前面提到的器材等设施的损耗，收益不抵维护费用，管理者压力较大，这就造成管理者对高校体育场馆社会化服务的发展出现心有余而力不足的现象。

场馆的风险管理需要专业型人才，不仅要懂得管理类的知识，更应是熟悉体育场馆的高素质综合型人才。各大高校的场馆管理人员大多是体育学院的老师，或者高校设立的场馆管理中心等部门，对口的专业性人才匮乏，场馆在运营过程中管理失误或者决策失误时有发生，并且发生重大安全事故后的应急能力直接影响事故的严重程度，如果管理者在发生事故之后反应不及时或者处理措施不合理，会造成二次损伤或者加重损伤程度。

四、制度类安全问题

近些年来，随着高校体育场馆社会化服务的进程不断加深，管理制度也不断完善，但是安全管理制度明显滞后，大多关注的是场馆运营制度，已经建立较为完善的体系。而在场馆安全管理方面缺乏法律法规支持，在面临安全事故时并无章法可依，应急管理制度不完善，会影响或加重事故伤害程度。

高校体育场馆社会化服务过程中发生的安全事故，在出现责任纠纷时，无相关法规可循、保险制度不完善、责任界定划分不清楚。高校体育场馆对外开放实质是公益性质，责任不应由高校全部承担。

如2012年郑州大学中心体育馆举办《怒放的青春》讲座，由于现场人数太多而发生踩踏，造成一名同学从二楼摔下，骨折住院。据了解，场馆管理非常混乱，进入并不需要门票，现场人数众多，人群拥挤，管理人员没有做到有效的疏导，对骚乱并没有制止，从而引发这次事故。又如，某高校学生孙某在非上课时间通过学校体育场馆进行体育锻炼时因器材老旧，加之操作不当造成小腿骨折。

通过高校体育场馆安全事故案例可以，看出上述安全事故是在高校体育场馆社会化服务过程中发生的，并且可以看出开放的性质是公益性的，并无收费，或者少量收取费用。同济大学和郑州大学的体育场馆发生的踩踏及受伤事件，是由于场馆管理制度不完善，管理者管理能力不足造成的。没有做到专业的事前部署、风险预测和规避计划，造成现场人员众多，缺乏专业疏散和管理造成事故的发生。孙某的骨折受伤事件是多种原因造成的，场馆器材老旧，没有做到定期的维护，加之孙某的操作不当造成了运动损伤事故。

第三节　高校体育场馆社会化服务的安全影响因素

通过专家访谈的结果以及前期文献的整理，形成最后问卷的测量量表，量表分为四个维度：人的因素、物的因素、管理因素和环境因素。问卷收集锻炼者在参与河南省高校体育场馆社会化服务过程中遇到的安全问题，并且结合实际对各安全因素引发安全事故的可能性进行评价。

一、问卷调查

本次问卷发放主要选择河南省各大高校，采取问卷星网上采集和实地现场采集两种方式，在现场尽可能多地采集校外人群进行填写，确保样本更具有研究价值。本次问卷共发放248份，回收有效问卷219份，有效回收率为88.3%。问卷中设计的题项均采用Likert7级量表进行评价。

二、样本概况

如表5-8所示，从统计数据可以看出，被测者中大部分为校外人员，学生为30人，校外人员为189人。男女比例大约为2：1；年龄分为四个年龄段，主要以26至35岁为主，占比47%，50岁以上的有12人，占比5.5%，所有受试对象都满18岁；教育程度较高，大专及以上学历占比83.6%；职业分布比较广泛，企业/公司职员最多，占比55.3%，其次是学生和工人、服务人员，分别占比为13.7%和8. 7%；婚姻方面，已婚有子女居多，占比48.4%；个人税前月收入4000～6999的人群最多，占比32.0%；其次为3000～3999元人群，占比29.7%；10000元及以上者占比7.3%。总的来看，样本分布较好，具有代表性。

表5-8　参与河南省高校体育场馆社会化服务锻炼者的人口学基本情况统计

特征变量	类别项目	个案数	比例
性别	男	144	65.7%
	女	75	34.3%
年龄	18～25岁	56	25.6%
	26～35岁	103	47%
	36～50岁	48	22%
	50岁以上	12	5.5%

（续表）

特征变量	类别项目	个案数	比例
婚姻状况	单身，与父母/亲友居住	7	3.2%
	单身，独自居住	55	25.1%
	已婚有子女	106	48.4%
	已婚无子女	32	14.6%
	其他	19	8.7%
教育程度	初中及以下	0	0%
	高中/中专/职高	36	16.4%
	大专	87	39.7%
	本科	79	36.1%
	硕士及以上	17	7.8%
职业	学生	30	13.7%
	自由职业者	14	6.4%
	事业单位人员	9	5.1%
	企业/公司职员	121	55.3%
	政府机关公务员	6	2.7%
	工人/服务人员	19	8.7%
	个体经营者/私营业主	6	2.7%
	家庭主妇/夫	0	0%
	军人	0	0%
	离退休人员	0	0%
	其他	14	6.4%
收入水平（税前月收入）	2999元及以下	21	9.6%
	3000～3999元	65	29.7%
	4000～6900元	70	32.0%
	7000～9999元	47	21.5%
	10000～14999元	12	5.5%
	15000～19999元	4	1.8%
	20000元及以上	0	0%

三、信效度分析

（一）信度分析

根据预调研问卷信效度的检验方法，用SPSS软件对219份问卷进行信度检验（表5-9），得出高校体育场馆社会化服务安全问题四个维度的克隆巴赫α值为0.949，0.953，0.958，0.928均大于0.7，整体的克隆巴赫值为0.927大于0.7，认定研究结果是可信的，问卷效度良好。

表5-9　河南省高校场馆社会化服务安全问题信度检验

测量变量	题项	*CITC*	删除项后的克隆巴赫α	克隆巴赫α
人的因素	AF1	0.817	0.943	0.949
	AF2	0.859	0.939	
	AF3	0.873	0.938	
	AF4	0.702	0.949	
	AF5	0.874	0.938	
	AF6	0.881	0.937	
	AF7	0.800	0.944	
物的因素	PF1	0.880	0.942	0.953
	PF2	0.888	0.941	
	PF3	0.760	0.951	
	PF4	0.860	0.944	
	PF5	0.881	0.942	
	PF6	0.741	0.953	
	PF7	0.870	0.943	
管理因素	MF1	0.881	0.950	0.958
	MF2	0.748	0.957	
	MF3	0.851	0.951	

（续表）

测量变量	题项	*CITC*	删除项后的克隆巴赫 α	克隆巴赫 α
	MF4	0.866	0.950	
	MF5	0.858	0.951	
管理因素	MF6	0.880	0.949	0.958
	MF7	0.744	0.958	
	MF8	0.905	0.948	
	EF1	0.834	0.910	
环境因素	EF2	0.872	0.883	0.928
	EF3	0.855	0.994	

（二）效度分析

对219份问卷进行*KMO*值与巴特利特球形度检验（表5-10）。得出高校场馆社会化服务安全问题的*KMO*值为0.907 > 0.7，显著性为0.000，球形度检验结果显著，说明该数据适合进行因子分析。用SPSS软件对所得数据进行因子分析，采用主成分分析的方法，并且观察旋转后的矩阵结果（表5-11）。数据表明，从问卷数据中提取了4个因子：人的因素、物的因素、管理因素、环境因素，与被测问卷维度一致，并且总方差解释达到79.51%，大于60%，说明该问卷结构效度良好。

表5-10　河南省高校场馆社会化服务安全问题信度检验

测量变量	题项	*KMO*值	解释百分比（%）	整体的*KMO*值
人的因素	7	0.923	76.896	
物的因素	7	0.905	78.241	
管理因素	8	0.931	77.525	0.907
环境因素	3	0.762	87.563	

表5-11　河南省高校体育场馆社会化服务安全因素探索性因子分析

测量变量	题项	成分			
		1	2	3	4
人的因素	AF1	0.104	0.061	0.856	0.100
	AF2	0.188	0.206	0.848	0.153
	AF3	0.224	0.096	0.880	0.046
	AF4	0.049	0.111	0.768	0.042
	AF5	0.190	0.151	0.868	0.136
	AF6	0.163	0.211	0.880	0.045
	AF7	0.070	0.008	0.865	0.037
物的因素	PF1	0.148	0.882	0.203	0.036
	PF2	0.078	0.913	0.074	0.088
	PF3	0.016	0.825	0.083	0.050
	PF4	0.173	0.865	0.180	0.061
	PF5	0.122	0.899	0.100	0.085
	PF6	0.002	0.814	0.001	0.113
	PF7	0.166	0.878	0.170	0.022
管理因素	MF1	0.882	0.136	0.137	0.125
	MF2	0.807	0.010	0.101	0.035
	MF3	0.848	0.165	0.198	0.099
	MF4	0.886	0.017	0.146	0.105
	MF5	0.867	0.170	0.140	0.058
	MF6	0.896	0.057	0.124	0.071
	MF7	0.799	0.128	0.036	0.002
	MF8	0.905	0.091	0.156	0.105
环境因素	EF1	0.119	0.096	0.153	0.899
	EF2	0.159	0.080	0.133	0.915
	EF3	0.100	0.069	0.098	0.926

四、数据分析

（一）高校体育场馆社会化服务安全事故类型统计

河南省高校体育场馆社会化服务的号召不断推进，也带来了一系列负面影响，安全事故发生概率明显升高，由于锻炼者是自行来校进行体育锻炼，运动带来的未知风险大多是因为场馆并未配备专业指导员、锻炼者自身锻炼方法不科学等。通过对安全事故的汇总（表5-12），调查发现肌肉拉伤、崴脚类的运动损伤发生概率最高，219案例人群中有145人有过此类安全问题，占总次数的66.2%；第二大高发问题是由器材伤害，共计37起，占总发生事故的16.9%；之后是触电、打架事件等。

表5-12　高校体育场馆社会化服务安全事故类型汇总表

事故类型	个案次数	占比（%）
肌肉拉伤、崴脚等轻微损伤	145	66.2
骨折、断裂等重大运动损伤	8	3.7
打架事件	28	12.8
器材伤害	37	16.9
拥挤踩踏	16	7.3
财产损失	17	7.8
触电	23	10.5
火灾	4	1.8
其他	44	20.1

（二）高校体育场馆社会化服务参与人群锻炼基础统计

本文还统计了锻炼者的运动基础，以便更好地分析安全事故发生的原因。此处收集了锻炼者每周运动的频率，要求运动时间不低于30分钟，锻炼者锻炼基础如表5-13所示，每周锻炼2次以下人群占总人群数的19.7%，2～3次占48.9%，4～5次占23.3%，5次以上的占8.2%。可见调研对象中有一半的人群平时锻炼次数较少，此类人群发生安全事故的可能性更高。

表5-13　河南省高校体育场馆社会化服务人群锻炼基础汇总表

属性	个案数	占比（%）
5次以上（不包括5次）	18	8.2
4～5次	51	23.3
2～3次	107	48.9
2次以下（不包括2次）	43	19.7

（三）河南省高校体育场馆社会化服务中各安全因素引发事故的可能性分析

如图5-1所示，显示了219位调查对象对25个安全因素会引发安全事故的认同度，分五个级别进行评价，把收集到的219组数据采用均值比较法进行分析。

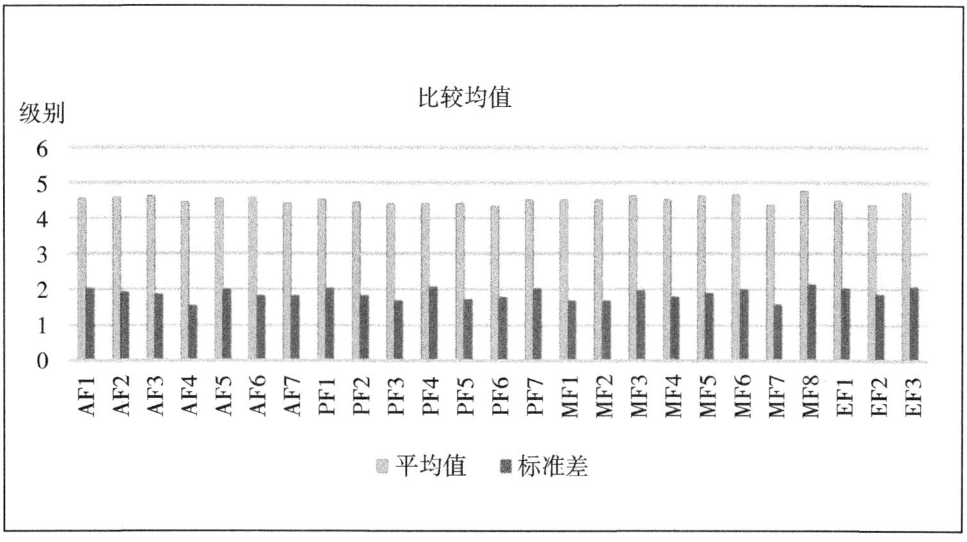

图5-1　各类安全因素诱发场馆安全事故的可能性

第一部分7个题项，锻炼者对人为安全因素引发事故的认同度评价。其中锻炼者缺乏安全教育（AF2）和锻炼者对器材操作不当（AF3）的均值相对较高，分别是4.598、4.612，方差分别是1.919、1.855。说明锻炼者对这两个因素会引发事故的认同度较高。

第二部分7个题项，锻炼者对物质安全因素引发事故的认同度评价。场馆疏散通道设计不合理（PF1）和学校财产安全（PF7）的均值相对较高，分别为4.516、4.507，方差分别为2.026、2.012。表明锻炼者对这两个因素引发安全事故的问题有较高的认同度，两个因素的方差相比其他因素较大，说明不同锻炼者观点差异性较大。

第三部分8个题项，锻炼者对管理安全因素引发事故的认同度评价。缺乏安全指导或者安全员（MF5）、管理者组织能力不足（MF6）和管理制度不完善（MF8）的均值较高分别为4.612、4.671、4.763，方差为1.879、1.975、2.1350。表明锻炼者对这三个因素引发安全事故的问题有较高的认同度，但是MF8的方差较大，说明锻炼者对管理者处理突发事件的能力不足引发安全事故的观点差异较大。

第四部分3个题项，锻炼者对环境安全因素引发事故的认同度评价。交通拥堵（EF3）均值是三个题项里最高的。环境类因素不经常发生，关注度也不够高，但是此类事故如果不妥善处理，危害性极大。应加强对此类安全事故的重视程度。

（四）不同年龄对各安全因素的差异性分析

分析得出各年龄段人群对各安全因素引发事故的评分均值、标准差总体较为平缓，对管理因素和环境因素上的认同度普遍都有提高。各因素的中位数起伏较大，对不同因素引发事故的认同度较为离散。低年龄段和高年龄段人群大多关注管理层和环境类因素，26～35岁人群关注点较为全面人为因素、物的因素、管理类因素都有涉及，被测对象中此年龄段人群占47%，说明该年龄段锻炼意识相对较高，应该更加关注这一部分人的需求。并且30岁左右的人群大多为在职人员，他们具有基本的健身知识和较高规避风险的能力（图5–2）。不仅关注点全面，更是关注经费问题。场馆器材的维护和损耗直接影响因素就是经费，经费不足加重器材的不稳定状态，从而诱发安全事故。目前开放制度不完善，学校并没有此类经费款项，并且对外开放多是入不敷出的状态，并没有实现营利的目的，管理者需要面对很大的压力，往往会选择为了规避风险而不去对外开放。

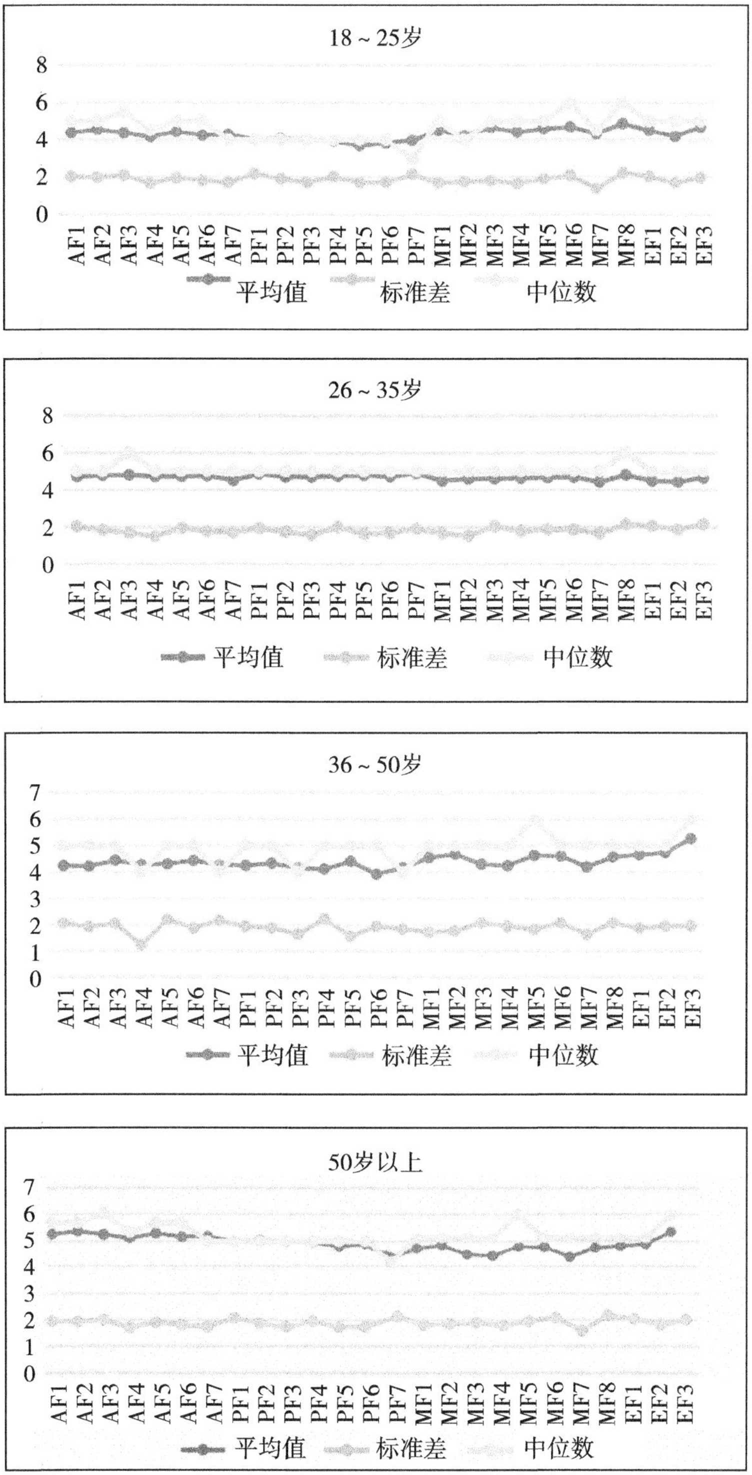

图5-2　不同年龄对各安全因素的影响

（五）不同教育背景对各安全因素的差异性分析

如图5-3所示，显示了不同教育背景下的人群对各因素引发安全事故的认同度，分为三个组别：大专及以下、本科、硕士，分别进行均值、标准差和中位数分析，结果如下。

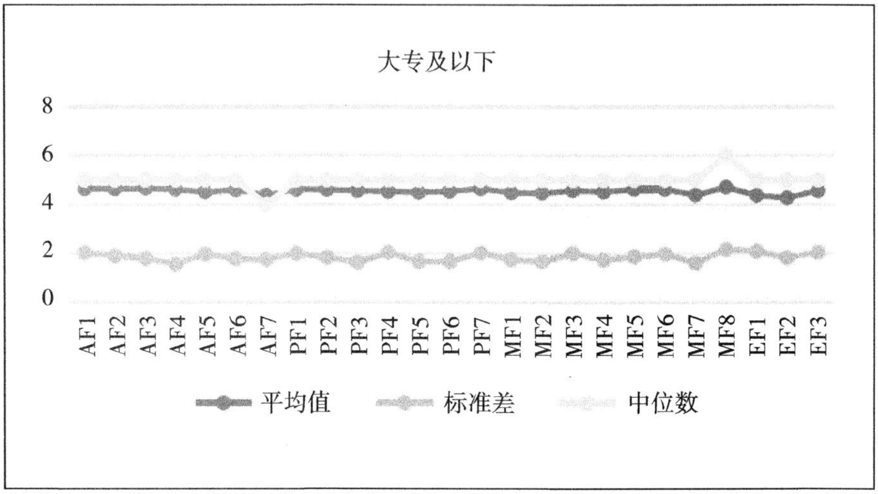

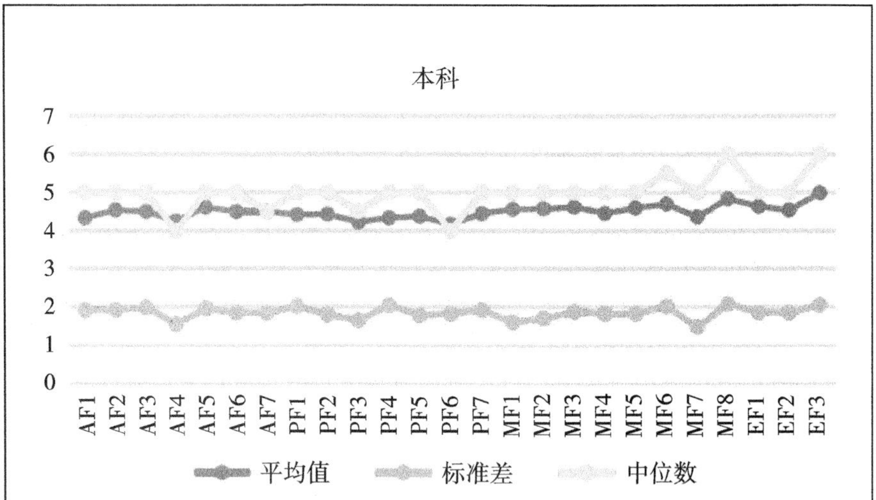

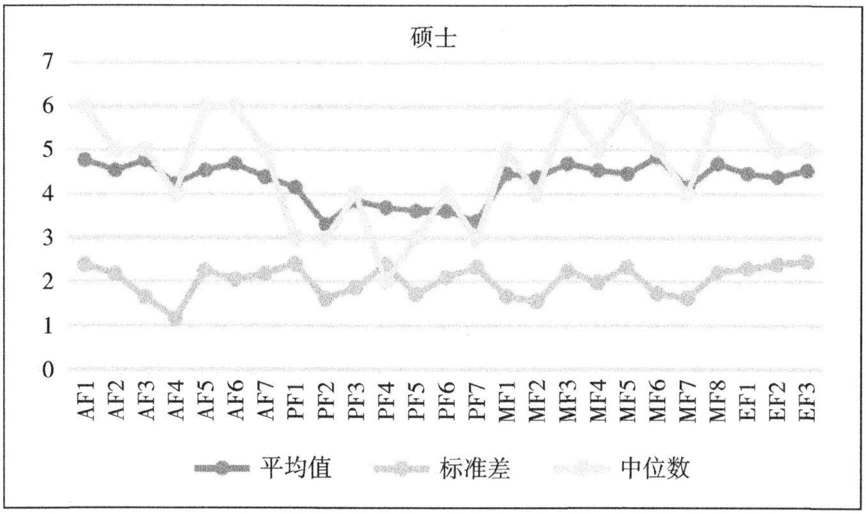

图5-3　不同教育背景对各安全因素的影响

大专及以下教育背景下的人群认同度较高的安全因素有锻炼者器材操作不当AF3 （4.667）、学校财产丢失PF7（4. 659）、安全管理制度不完善MF8（4.722）。

本科教育背景下的人群认同度较高的安全因素有经费不足MF3（4.625）、安全管理制度不完善MF8（4.838）、交通拥堵EF3（4.987）。

硕士教育背景下的人群认同度较高的安全因素有：锻炼者具有心血管类疾病AF1（4.769）、锻炼者对器材操作不当AF3 （4.769）、管理者组织能力不足MF6（4.846）。

如图分析得出受教育程度越高的人群对各安全因素引发事故的评分均值波动越大，大专及以下教育背景的人群评分均值都分布在4.6分左右，较为平缓，硕士教育背景下的人群无论是均值、标准差还是中位数都呈波浪式曲线，波动幅度较大。由此可以看出受教育程度越高，回答此类问题越严谨，问题分化程度越高，对各因素引发事故发生的认同度有所区分。不同教育背景分段人群对各安全因素诱发安全事故的聚焦点差异不大。

（六）不同职业对各安全因素的差异性分析

如图5-4所示，显示了不同职业的人群对各安全因素引发安全事故的认同度，分为三个组别：学生、事业单位及公务员、企业及工人，分别进行均值、标准差和中位数分析，结果如下。

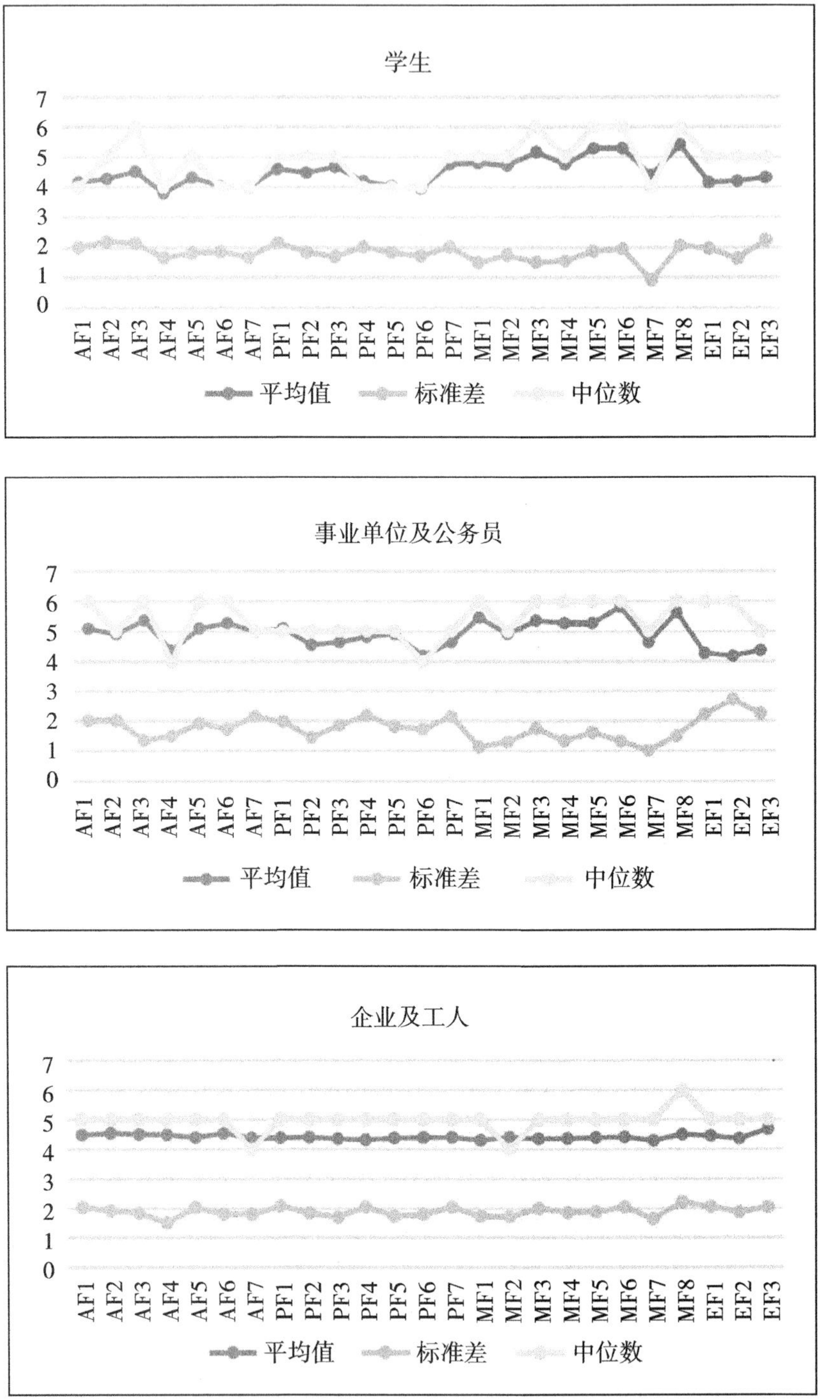

图5-4　不同职业对各安全因素的影响

学生群体认同度较高的安全因素有经费不足MF3（5.16）、缺乏安全指导或者安全员MF5（5.28）、管理者组织能力不足MF6（5.28）、安全管理制度不完善MF8（5.4）。

事业单位及公务员群体认同度较高的安全因素有管理层决策失误MF1（5.455）、管理者组织能力不足MF6（5.818）、安全管理制度不完善MF8（5.636）。

企业及工人群体认同度较高的安全因素有锻炼者缺乏安全教育AF2（4.542）、锻炼者心理素质较差AF6（4.29）、交通拥堵EF3（4.671）。

如图分析得出学生和公务员及事业单位两个群体对各安全因素引发事故的评分均值和中位数波动较大，关注点主要在管理层面。企业及工人群体相较其他两个群体的均值较低，并且各参数波动较小，关注点在人为因素和环境因素。事业单位及公务员群体关注点主要在管理层面，受工作性质影响，总是面对电脑，平时运动不足，身体大多处于亚健康状态，容易诱发隐形或者突发性疾病，在社会化服务中的场馆进行锻炼时更应该注意身体状态。企业及工人这一群体较为关注人为因素和环境因素，可以看出该群体对安全教育有较高的需求。

（七）不同收入水平对各安全问题的差异性分析

如图5-5所示，显示了不同职业的人群对各安全因素引发安全事故的认同度，分为三个组别：4000元及以下、4000～9999元、10000元以上，分别进行均值、标准差和中位数分析，结果如下。

4000元以下收入人群体认同度较高的安全因素有缺乏专业指导或安全员MF5（4.909）、安全管理制度不完善MF8（5.102）。

4000～9999元收入人群体认同度较高的安全因素有场馆疏散通道设计不合理PF1（4.547）、缺乏器材维修PF5（4.624）、锻炼者财产丢失PF6（4.573）、交通拥堵EF3（4.684）。

10000元以上收入人群体认同度较高的安全因素有场馆疏散通道设计不合理PF1（5.214），观众席、围栏等设计不合理PF4（5），学校财产丢失PF7（5.071），交通拥堵EF3（5）。

如图分析得出各收入水平人群对各安全因素引发事故的评分参数波动较小，10000元以上收入水平人群的评分均值大都在5分左右，相比其他两个收

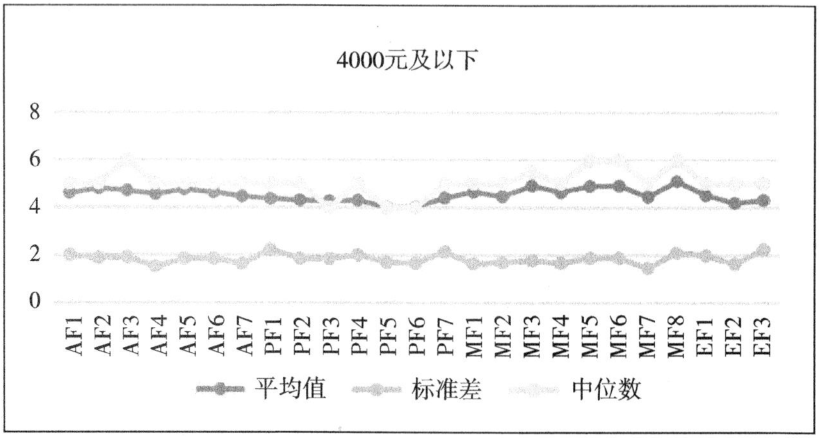

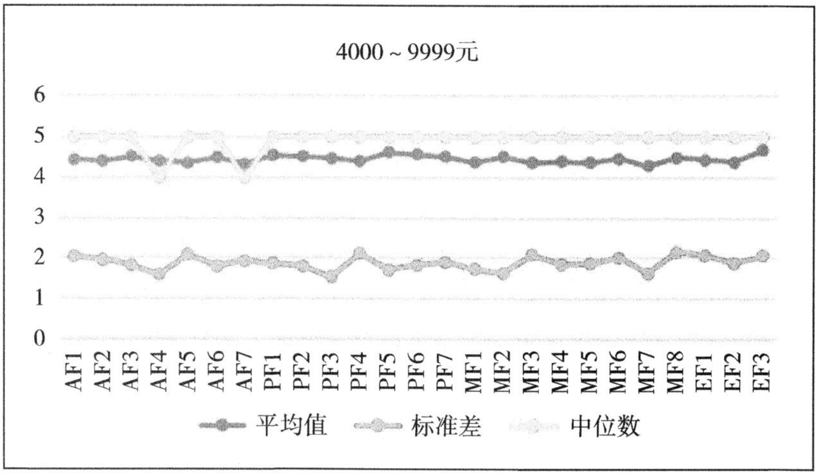

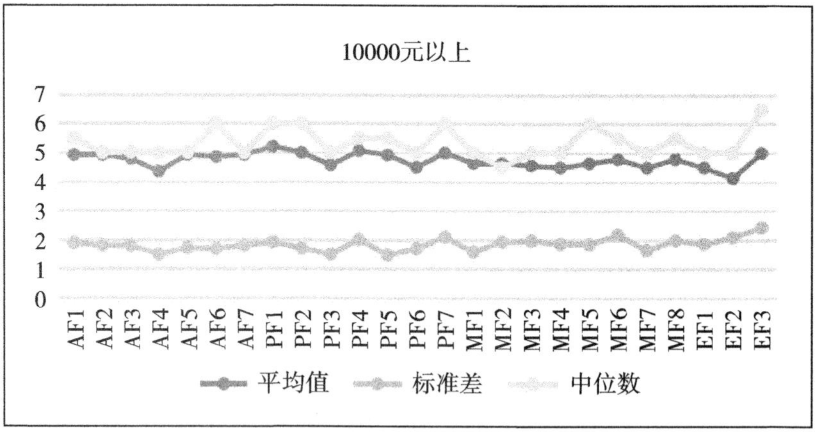

图5-5　不同收入对各安全因素的影响

入段人群均值较高，可见对该因素引发事故的认同度较高。并且不同职业分段的人群对安全因素的聚焦点稍有差异，4000元及以下人群关注点在管理因素，4000元以上人群大多关注物的因素和环境因素。

第四节　高校体育场馆社会化服务安全对策

一、完善场馆安全风险管理制度

为了促进河南省高校体育场馆社会化服务的进程，制定完备的高校场馆社会化服务的安全风险管理体系是必要的，提高抵御安全风险的能力，才能高效服务于社会。有效的安全风险管理可以降低事故带来的人身和财产上的损失，同样可以更大限度地为场馆管理者减轻事故带来的名誉和经济上的损失。在场馆开放中，首先要确保锻炼者的人身安全，这是高校体育场馆社会化服务的前提。安全风险管理体系现已应用于各大行业，我们可以根据高校场馆自身特点，吸取前人管理经验，制定适合自己的并且可持续发展的高校体育场馆安全风险管理体系。高校场馆社会化服务安全风险管理体系需要从以下几个职能进行统筹：风险预防、风险分析和应对、事故应急应对机制、事后评估。

（一）风险预防

风险预防是体系中最基础的环节，也是重中之重，预防做得好，安全风险就会被挡在门外，反之，则会发生各种安全问题。风险预防包括财产安全、器材及场馆设施的维护，消防、医疗设施齐备，举办赛事、演唱会等大型活动前的安全保障计划，以及管理人员培训、交通等方面。场馆管理人员应该整理汇总在开放过程中可能会遇到的安全事故，形成一份事故预案，包括事故案例和处理措施，保障今后安全事故发生时可以第一时间做出反应。平时可安排演习活动，提高处理能力和效率。安全风险的预防办法主要有规避和转嫁。规避风险即做好周详的准备，把一切风险扼杀在萌芽阶段。转嫁风险即借助外来力量转嫁给另一方，常见的办法有保险转嫁、外包企业转嫁等。

研究发现，26～35岁被测人群占总人数的47%，较为关注的因素有经费问题、疏散通道设计、学校财产、安全管理制度。并且26～35岁人群大多为在职人员，受时间及工作性质影响，此类人群锻炼基础较差，应多注意此类人群的风险预防。被测者中较低收入人群居多，3000～6999收入人群占总人数的一半以上。在开放过程中，注意收费问题带来的不稳定因素。高校体育场馆社会化服务应该在满足日常教学的前提下进行，可选择早晚面向社会人员进行晨练以及日常锻炼，主要开放室外操场类；周末在不影响训练的基础上选择性开放体育场馆；节假日面向社会人员以及师生全面开放高校体育场馆，除了进行常规体育锻炼外，还可以作为社会团体、单位组织等进行趣味运动会的举办场所，带动全民健身计划的实施以及高校体育场馆的运营。

河南省高校体育场馆社会化服务期间，人员基数大且复杂，素质参差不齐。学校及锻炼者的财产安全应该引起重视，受场馆面积影响，摄像头会出现死角或画面不清的情况，要提高监视系统的管理，在发生财产损失时提供有力的证据，来确保锻炼者以及学校的财产安全。

受社会化服务影响，场馆器材等设施耗损度增大，要定期进行器材的维护和检修工作，确保锻炼者使用的器材和场地设施是安全的。将消防设施、医疗设施配备齐全，并定期补充和检查，在安全事故发生时可以把伤害降到最低。锻炼者可能面临的伤病为：低危险性运动损伤，如崴脚、流血、肌肉拉伤等；高危险性运动损伤，如骨折、被场馆重物砸伤等；疾病类，如突发心脏病、哮喘等先天性疾病。场馆应该配备安全指导员进行现场监护工作，参与场馆锻炼的人群不乏老人和小孩，面对此类人群时更应该加强关注力度。对于老人的监护，当发现进行较为危险的项目，或者动作明显会造成损伤时，要进行劝阻，以防发生不测。安全指导应分时段巡逻，并且做到第一时间处理突发问题。

场馆承办大型活动时，把可能会发生的安全问题以及应对措施都整理归案，做到早预防、早发现、早处理。并且活动期间，人身安全是重中之重，活动前一定要安排好安保、医疗、消防等方面的准备，尤其是安保人员在人数和质量上要有严格的管理。大型活动面临的是较大的人口密度、人员素质的差异性、各种情绪化的原因，所以现场管理人员的有效引导和监督是确保现场安全最重要的一部分。在大型活动期间对交通的管理也是非常重要的，注意预防交通拥堵的发生，在出入场时段安排交通指挥员进行现场指挥，在赛场周围竖立停车指示牌，以及散场通道，确保出入车辆可以有序地进出，避免交通事故的发生。

（二）风险分析和应对

在做好前期预防的基础上，在发生安全事故时，要本着积极的态度去处理事故。首先要定性事故类型，找出引发事故的原因，是人为因素还是意外，界定好安全责任，根据事故预案对事故进行干预，要求管理者根据现实事故特点，借鉴预案，做出适合本次事故的指导措施。无论是对锻炼者还是对场馆的伤害，尽量降到最低。

当锻炼者发生损伤时，医疗团队尽快为伤者检查伤口，进行预处理，严重的应尽快送往医院治疗。锻炼者有基础病的，在锻炼期间可能会出现突发疾病的现象，做好急救措施并尽快拨打120急救电话。当举办大型活动期间发生拥挤踩踏等现象，管理者应该尽快安排安保人员进行现场疏导，引导人流离场，避免人群慌乱，加重事态发展。医疗团队第一时间检查伤者伤情，进行处理。当场馆发生火灾、停电、机器故障等事故时，管理者应该第一时间通过广播安抚人群情绪，安保人员引导人群从安全通道离场。管理者应该严格按照高校场馆社会化服务的安全管理制度，进行风险应对，并尽可能减轻损失，避免二次伤害的发生。

（三）事故紧急应对机制

事故紧急应对机制的建立是为了降低事故带来的损失，在事故发生后，第一时间做出反应，高校场馆对外开放之际，应该积极利用现代科技，提高场馆信息传递速度和有效性，制定应急预案。

应急预案内容包括：1）强调预案目的、指导思想、实施原则、范围等要素。2）建立应急部门，规范各部门职责。3）应急流程分为识别事件、反应措施、监督善后三个环节。4）应急措施：规范应对措施，加强员工培训，规范管理器材、医疗及消防设施。

设立应急管理部门：1）综合指导中心，设立应急专家组，负责事故紧急应对的指导工作，负责各部门协调工作，确保应急工作有序、高效地运行。包括分析事故成因，预测事态发展、提出有效措施等。2）医疗中心，配备值班医护人员，在发生运动损伤时，第一时间处理损伤。3）消防中心，配备消防安全员，负责巡视场馆用电安全，排除消防隐患。4）安保中心，配备专业安保人员，定期组织人员培训，在高校场馆社会化服务期间，尤其承办大型活动时，安保人员不仅负责场馆安全，更要起到疏通人员、引导人流走向，排解拥挤、制止危险动作等作用。

（四）事后评估

在安全问题发生，处理完成之后，应该开展安全事故响应评估会议，被评估人员包括各管理部门。评估内容包括：1）专家的反应水平、响应时间、有效程度、态度和积极性等。2）管理者基本素质、组织能力、应急能力、有效性等。3）资源配置，财力支持、物质支持、消防和医疗资源配置响应时间等。分析各环节优缺点，进一步优化措施，以期更好地应对安全风险。

二、开展安全教育宣传

安全事故的发生有两大主体：人和物。只有当人和物都处于不稳定状态时，事故才会发生。如果单是人对器材不熟悉，器材是安全的，人在运动过程中靠基本常识，操作过程中大多不会受伤。如果单是物不安全，人的安全意识比较强，那么人在锻炼过程中可以自行规避风险，也不会受伤。只有当人的安全意识不足，恰好器材也年久失修，人在锻炼过程中才会受伤。而开展安全主题教育，可以从根源上提高人们的安全意识，降低安全事故的发生概率。

（一）安全教育内容

开展安全教育宣传目的是提高人们在进行体育锻炼时的安全意识，降低高校体育场馆社会化服务安全问题的发生概率，这就要求安全教育讲座涉及范围广泛、内容丰富多样。安全教育内容主要包括：1）器材的使用方法。高校体育场馆器材，尤其是力量训练的器材，是面向体育专业学生日常训练使用的，都是比较专业的，外来锻炼者可能不熟悉，所以针对器材使用方法的专业讲解是有必要的。2）科学的训练方法。场馆对外开放期间锻炼者大多是锻炼基础较差的人群，在运动过程中发生运动损伤的概率较高，更有甚者长期错误动作，会造成腰椎及颈椎不可逆的伤害，科学的锻炼方法显得尤为重要。3）安全意识的建立，安全乃是民生的重中之重，在进行体育运动时也不例外，要时刻保持警惕心理去参与，包括对器材的判断、对自身身体状况的预测及周围环境的动态等因素。

（二）安全教育宣传途径

安全教育宣传途径是灵活多样的，比如面向大众进行校园讲座，请有相关经验的老师授课；校园海报、宣传栏张贴安全小常识；在每位锻炼者进入馆前，分发入馆须知；在健身类力量器械上注明使用方法和注意事项，提醒使用的人群；利用校园广播讲解安全常识；利用校园、学院公众号以推文等方式提醒锻炼的人群。

三、完善责任划分制度和法律基础

由于高校场馆安全管理制度不完善，据管理者反应对外开放期间时有发生安全事故的，大部分由双方协调解决；对于伤害程度较深，影响较大的，协调损伤赔偿事宜的难度较大。据了解对于高校体育场馆社会化服务的安全事故并无相关法律基础，并且高校场馆管理对安全责任划分方面较为薄弱，处理纠纷的时候并没有成文的规章作为依据。出现事故后责任划分较难，如何判定谁是主要责任方，谁是次要责任方，而高校又是否尽到该有的义务，成为当今学者比较关心的话题。部分学者认为高校体育场馆社会化服务本着公益性的目的，不应该作为安全事故赔偿的主体。对于没有尽到安全保障义务的，管理者应该承担相关的法律责任，但是也应该视情况而定，合理地进行评价，不应该为此造成重大损失，从而阻碍高校体育场馆社会化服务的发展。故完善高校体育场馆社会化服务安全问题责任划分制度、建立法律基础显得尤为重要。

（一）建立责任划分制度

1. 安全责任的范围

体育运动，尤其冲撞类运动本身带有危险性，期间发生安全事故是不可避免的。而事故界定范围应是在高校规定的开放时间内发生的伤害事故，开放时间外的不受用。

在界定安全责任前首先要规范学校的保障义务：1）高校对场馆器材及其他设施尽到定时维护的职责，并确保提供大众所用的器材符合国家相关规定。2）确保消防、医疗以及水电安全的职责，配备一定数量的符合从业资格的安保和医疗人员，配备消防设施和医护用品。在发生安全事故时第一时间响应，给出处理办法。3）高校承担危险提示的职责，在大众进行危险系数较大的运动时应该提出警示，或者在面对危险器材或危险环境应贴示警示标语。4）由违规操作、违规用电等高校的过错引发的事故，法律责任由高校承担。

2. 安全责任类型的划分

安全责任类型划分首先要看高校体育场馆社会化服务是无偿经营还是有偿经营，无偿经营不存在承担法律责任，有偿开放则是变相与锻炼者签订合同，存在利益关系，视情况而定划分安全责任类型。这里仅对有偿开放期间安全事故责任进行划分：1）高校已履行相关保障的义务，并无错误处理行为，高校不承担相关法律责任。比如锻炼者有心血管类疾病，并未告知校方；遇到台风、地震等不可抗拒因素。2）高校已履行相关保障的义务，并无错误处理行为，且伤害事故是由第三方引起的，由第三方承担全部责任。比如，在运动过程中，一方因情绪过于激动，与另一方有过激行为，造成人身伤害的。由过错方承担全部法律责任。3）高校已履行相关保障的义务，并无错误处理行为，伤害事故是锻炼者本人行为造成的，高校不承担相应法律责任。比如，游泳馆张贴警示牌水深1.2米，禁止跳水，锻炼者不顾危险进行跳水而引起的受伤；打篮球期间，明知戴眼镜会造成危险的，依然戴眼镜，发生肢体冲撞，造成镜片划伤面部。此类运动损伤由锻炼者自己承担。4）在进行危险系数较高的体育锻炼时，学校与锻炼者签订免责协议，代表锻炼者已知晓相应运动会带来的伤害，在此期间造成的运动损伤，高校不承担法律责任。5）高校已履行相关保障的义务，受外在因素影响，事故处理不当，造成伤害，由双方共同承担。比如，开放期间，场馆人数过多，因外界因素影响引起躁动，造成踩踏等伤害；由于校方管理人员处理不当，无配备现场疏散人员或配备较少，造成的事故，由责任人双方共同承担。6）高校未履行相关保障的义务，造成的损失由学校承担全部责任。比如，器材或者广告牌年久失修，因故障砸伤锻炼者，由校方承担全部责任。

（二）法律基础

体育法是针对体育专门的一套法律，体育法中提到当地政府应该为大众参加运动健身提供必要的条件。当政府没有尽到责任，造成的运动伤害由政府承担。并且当公众买票进入场馆，本身就是变相签订合同，而高校有义务给锻炼者提供良好的器材实施和相对安全的公共环境。完善体育法律门类，增添对应体育场馆社会化服务的法律基础尤其重要。在发生安全问题时，可以做到有法可依，有规可循。

四、多方协同齐抓共管，统筹推进场馆管理工作

高校体育场馆向社会开放风险管理工作涉及场馆的经营、管理、保卫、环保以及资产折旧等多个方面的因素，要实现场馆风险管理的科学化，确保场馆开放效益的最大化，学校相关部门必须齐抓共管形成合力，绝非某一个部门能实现的，因此，学校必须成立体育场馆管理委员会。管理委员会由学校体育学院、后勤管理处、保卫处、纪委和资产管理处等部门组成，并明确各部门的目标、任务、职责。管理委员会下可设置体育场地管理中心，配备相应专职人员，在相关部门党政领导下负责统筹和对体育场馆进行具体营运，具体工作包括科学安排场馆开放时间、场馆市场开拓、场馆日常维护、场馆财务管理、资产管理等。同时，管理委员会根据学校场馆经营管理实际情况，在场馆的使用、管理和经营等方面做出明确规定，建立有关的规章制度，并在学校纪委的指导下由场馆中心纪检委员依规加强对场馆的指导、监督和检查。具体可建立的制度条例包括场馆风险管理办法、场馆治安管理办法、场馆设施对外开放办法、场馆经营管理责任制、场馆环境卫生管理办法、场馆固定资产管理办法、场馆维护与折旧制度、场馆对外经营收费标准、场馆收入分配管理办法、场馆突发事情应急预案等。通过各项规章制度的建立，强化学校各相关部门的责任意识，明确各职能部门的权利和义务，避免在风险管理过程中出现相互推诿，不落实不担当的情况，最终导致风险责任事故的发生。

五、健全体育保险机制

我国体育保险起步较晚，种类也较少，更是没有针对高校场馆社会化服务专门的保险项目。但是近些年来，随着高校体育场馆社会化服务的进程不断加深，随之而来的损伤事故不断增多，存在一系列安全责任划分的问题，大部分学者和场馆管理者建议引入保险制度来规避和转移风险。

据了解，中体、太平洋等开设高校场馆的专项保险，但是种类较少，并且为了响应国家号召，太平洋保险推出了首个针对高校场馆社会化服务的专项保险。高校体育场馆社会化服务引入保险机制成为未来发展趋势。

高校体育场馆社会化服务可引入的保险项目有：1）人身意外伤害险。该险

种是我国保险行业比较常见的险种，人身意外险包含各种原因带来的人身安全伤害，高校组织锻炼者购买此类型保险，不仅使锻炼者人身安全得到保障，更为高校场馆减少不必要的经济损失。2）责任险，是指被保险人对他人应付的赔偿责任，即高校场馆购买责任险，当开放期间锻炼者受到人身伤害时，保险公司代替高校赔偿。太平洋保险推出的首个针对高校场馆社会化服务的保险项目“学校体育场馆对外开放公众责任保险”，从而减少意外事故给高校带来的损失。

增强高校和大众对体育保险的重视程度，政府和高校要做好体育保险的宣传工作，对管理者进行培训教育，使之从思想上重视起来。应该对进入场馆的锻炼者进行体育保险的宣传工作，要打破受众不重视的思想，切实让锻炼者感受到体育保险是与切身利益息息相关的，是为自己的人身安全做出的保障。高校应该多关注体育保险制度的建设。高校体育场馆社会化服务是当今时代的新兴产物，也是体育产业的一个重要门类，随之相关的政策法律都应该逐渐健全起来，才能为高校体育场馆社会化服务保驾护航。不断丰富保险门类，顺应时代发展的潮流，为大众和高校解决后顾之忧。

第六章　高校体育场馆社会化服务与管理评价研究

第一节　高校体育场馆社会化服务与管理评价指标意义

近年来，我国大多数城市高度重视以高校体育场馆市场化、社会化改革为龙头，构建多样化的体育场馆社会化服务管理模式，提高场馆的利用效益，更全面发挥场馆功能，服务社会公民。如何充分发挥高校体育场馆社会化服务的效能是当前城市体育发展的重要议题。大量研究表明，高校体育场馆社会化服务是开展全民健身的基础支撑，是高校体育场馆市场效益发挥的助推器，是城市体育社会化服务供需矛盾缓解的有力杠杆。

通过构建高校体育场馆社会化服务的评价指标，优化高校体育场馆社会化服务的诊断与导向，推进高校体育场馆配置效益的提升，为新时期高校体育场馆管理决策提供参考。

体育场馆涵盖的要素非常丰富，它是由一系列相互联系和影响的因素所组成的整体，场馆的数量、种类、装备、布局、规模和形态等都属于这个范畴。作为专门修建的运动场所，体育场馆主要是用以满足群众体育消费、健身娱乐、运动训练和运动竞赛的需要。一般来说，我国体育场馆由体委系统的体育场馆、学校系统的体育场馆、企事业系统的体育场馆和民营性体育场馆四大类构成。其中，最典型的体育场馆就是体委系统的体育场馆和学校系统的体育场馆。

体育场馆社会化服务是在以全民健身为导向的基础上，为更好地满足人民群众健身锻炼需求所提出来的，其目的是通过科学的整合机制提高场馆利用率，从而满足大众需求。以教育系统体育设施的利用为例，其最重要的任务是满足学校的体育教学需要，单一的经济指标无法客观科学地评定其经营活动成功与否，因此在评价过程中切忌本末倒置、因小失大，务必立足场馆的现实状况，制定科学的运营管理机制，场馆要有明确的指导思想，用以解决场馆在运营管理过程中产生的问题，协调运营过程中各基本要素以及相关机构之间的关系。对高校体育场馆社会化服务质量进行评估，是为了更好地提升高校场馆市场配置效益，督促政府、市场主体及创新主体积极作用体育市场需求，促进体育场馆经营管理的规范和完善。

首先，建立高校体育场馆社会化服务评价指标体系，是在市场经济秩序的要求下，建立优胜劣汰的竞争机制，从场馆社会化服务过程中实现的效益、影响的因素出发对场馆对外开放、服务社会进行评估。基于目标管理的原则对场馆的基本情况进行全面、系统的了解，能针对社会化服务过程中影响效率的各项因素提出相应的整改措施，力求在提高场馆运营经济效益的同时，让场馆充分发挥其社会化服务的社会功能，也能为体育行政部门制定体育场馆的相关政策提供理论参考。其次，通过现代技术手段获取评估对象的相关数据信息，并对其进行统计分析，对评估对象存在的问题和优势进行说明，并提出建议，促使评估对象更客观地了解自己、提高质量、完善管理。

高校体育场馆社会化服务必须以区域场地的现实状况为依据。国家有关进一步深化体育场馆经营管理改革的宏观政策，在某种程度上可以引导区域进行场馆的优化配置，但是执行力度有极大欠缺和不足。各地政府应立足区域体育场馆的性质、特点和规模及相应的体育消费需求，完成必要的政策指导和社会化服务机制的示范推进。

第二节　高校体育场馆社会化服务与管理评价指标构建

一、初拟评价指标体系

根据指标体系设计的目的性与科学性原则、系统性与差异性原则、前瞻性与指导性原则、定性与定量相结合的原则和指导思想，查阅相关书籍，对各类文献资料进行分析，初拟评价指标，通过向从事体育场馆管理实务领域及其相关研究领域的专家和学者发放问卷，初步选定48个指标，对选定的指标进行分析解读，按照指标的重要性进行1～3级判断和标记，初步确定了5个一级指标、19个二级指标和24个三级指标。接下来通过德尔菲法，进行3次匿名问卷调查。

二、匿名评价指标体系问卷的发放

问卷发放有两种形式即当面发放和邮寄，主要选取的对象是从事体育场馆运营及其相关领域的专家和学者。问卷发放回收后首先进行信效度检验，通过计算指标协调系数的方法衡量不同专家对于各级指标看法的一致性，三轮专家问卷一致性结果显示，指标体系的各级指标P值都小于0.05，因此本研究的问卷内部一致性较优（表6–1、表6–2）。

表6–1　专家权威自评系数一览表

一级指标名称	熟悉程度Cs	判断依据Ca	权威系数Cr
人力资源	0.9240	0.9280	0.9260
物力资源	0.9036	0.8867	0.8951
信息技术资源	0.8842	0.9467	0.9155
财力资源	0.8790	0.9345	0.9068
文化资源	0.8478	0.8874	0.8676
平均值	0.8877	0.9167	0.9022

表6–2　问卷发放回收情况一览表

	发放问卷数	因收问卷数	问卷回收率（%）	问卷有效率（%）
第一轮问卷	21	20	95.2	90
第二轮问卷	21	19	90.5	94.7
第三轮问卷	20	18	90	88.9

三、各级指标专家调查结果分析

在第一轮调查中，专家普遍认为大部分原定的一级指标具有较强的代表性和科学性，满足指标构建的原则和评价场馆社会化服务效率的需要。有专家提出“B基础设施资源”更侧重于满足场馆日常运营的需要，不能代表场馆所服务的全部设施资源，因而建议修改为“B场馆物力资源”。

在第二轮调查中，专家主要从指标的准确性、操作性和代表性出发，对指标进行了修订，认为二级指标“A_2体育专业技术人员”表述不够准确，将潜在的人员范围缩小，故将其修改为“A_2专业技术人员”；二级指标“D_1资金来源”的准确性和代表性不够，对整个服务效率的评价相关性和支持度不高，经讨论修改为“D_1资金利用”。

在第三轮调查中，为了使原来的指标更具针对性和实用性，契合指标体系内在的逻辑需要，在一级指标和二级指标修订完善的基础上，专家对三级指标也进行了修订。具体的修改建议包括：三级指标“A_{21}体育运动专业人员（教练、裁判）的所占比”修改为“A_{21}专业技术人员（教练、裁判等）的专职配比”，D_{22}、D_{23}、D_{24}、D_{25}、D_{26}、D_{27}分别修改为“D_{22}商家广告赞助收益增加额”“D_{23}会展活动收益增加额”“D_{24}体育培训收益增加额”“D_{25}赛事活动收益增加额”“D_{26}文艺活动收益增加额”“D_{27}场地租赁活动收益增加额”。建议删除的三级指标“A_{22}专业资格教练行业比赛获奖”“D_{11}公共投入在资金来源所占比重”“D_{12}资源整合对外开放的成本所占比重”“D_{13}服务创收在资金来源所占比重”，对应的二级指标在第二轮调查中进行了完善与修改，所以为了更好地体现指标体系的科学性，建议删去对结论支持度不高的指标。建议增加的三级指标有“A_{22}专业技术人员（教练、裁判等）的专职配比”“A_{23}专业技术人员（教练、裁判等）的工作效度”，因为场馆专业技术人员的服务能力高低及工作的效率能够直接影响消费者体验，从而对服务效率造成重要的影响；增加的三级指标有“A_{32}安保及外勤人员的工作效度”，原因在于场馆工作人员的工作效率直接和消费者体验密切关联，因而在构建指标体系时需要纳入考虑范围；增加三级指标“D_{22}商家广告赞助收益增加额”“D_{12}消费成本”“D_{13}消费价格”“D_{14}场馆社会化服务成本增加额”；增加三级指标“E_{11}场馆社会化服务管理规范的制定”；一级指标“场馆文化资源”中的二级指标“E_2精神文化”下增加三级指标“E_{21}场馆社会化服务文化理念普及”，这是由于消费者和管理者服务理念的普及程度也是场馆社会化服务的内容之一，对社会化服务效率的作用也是不可忽视的。

综上所述，经过相关专家学者调查分析，对初步选定的评价指标进行了最终确定的指标体系为：一级指标5个，二级指标11个，三级指标38个，详见表6-3。

表6-3　高校体育场馆社会化服务与管理评价指标

一级指标	二级指标	三级指标
A场馆人力资源	A_1管理人员	A_{11}管理者对场馆社会化服务的认知度
		A_{12}顶层设计对场馆社会化服务的有效度
		A_{13}管理者对场馆社会化服务的执行力度
	A_2专业技术人员	A_{21}专业技术人员（教练、裁判等）兼职时数
		A_{22}专业技术人员（教练、裁判等）专职配比
		A_{23}专业技术人员（教练、裁判等）的工作效度
	A_3安保及外勤人员	A_{31}安保及外勤人员兼职时数
		A_{32}安保及外勤人员的工作效度
B场馆物力资源	B_1场馆设施设备	B_{11}场馆设施开放使用时数
		B_{12}场馆设施开放数量
		B_{13}场馆设施开放面积比
	B_2其他辅助设施	B_{21}商务配套设施占比
		B_{22}公众接待及问询设施面积
		B_{23}公众安全设施面积
		B_{24}公共环境及交通配套
C场馆信息技术资源	C_1硬件信息	C_{11}网络网站建设、维护与管理
		C_{12}智能管理系统的引进
	C_2软件信息	C_{21}公众即时交流
		C_{22}电子信息推送与更新
		C_{23}社会化服务平台
		C_{24}宣传专栏
		C_{25}报刊杂志
D场馆财力资源	D_1资金利用	D_{11}消费满意度
		D_{12}消费成本
		D_{13}消费价格
		D_{14}场馆社会化服务成本增加额
	D_2资金收益	D_{21}接待总量（人数）的增加额
		D_{22}商家广告赞助收益增加额
		D_{23}会展活动收益增加额
		D_{24}体育培训收益增加额
		D_{25}赛事活动收益增加额

（续表）

一级指标	二级指标	三级指标
D场馆财力资源	D_2资金收益	D_{26}文艺活动收益增加额
		D_{27}场地租赁活动收益增加额
		D_{28}其他收益增加额
E场馆文化资源	E_1制度文化	E_{11}场馆社会化服务管理规范的制定
		E_{12}场馆社会化服务管理规范化度
	E_2精神文化	E_{21}场馆社会化服务文化理念普及
		E_{22}场馆社会化服务秩序化买现度

第三节　高校体育场馆社会化服务与管理质量评价指标赋权

一、确定权重集

权重是将被评价对象看作一个整体，从多个层次进行判断和计算，按照被评价对象不同方面的重要程度进行定量分配，对各评价因子在总体评价中的作用区别对待，表示相对重要程度之间的比较。确定某一评价对象的权重体系，需要对该评价指标体系对应的权重进行数据处理和计算。一组权重体系$\{W_i|i=1, 2, 3, \cdots, n\}$，必须满足2个条件：$\sum_{i}^{W}=1$，其中$n$是指标的个数；$0<W_i\leqslant1$；$i=1, 2, 3, \cdots, n$。

构建指标体系之后，拟采用层次分析法确定指标体系的权重，该方法是在一个完整的系统内部，通过目标分解，将复杂的多目标决策问题尽量简化，将整个评价指标体系分解成若干层次，通过对同一层级各个指标的成对比较进行标度定量化，对每一层次上指标的重要程度进行逐一判断，以此确定判断矩阵，运用数学公式计算出判断矩阵的最大特征值及相对应的特征向量，从而得出各层次指标的权重系数。其体步骤如下。

（一）建立系统的层次结构模型

建立系统的层次结构模型即确定相关的目标和评价因素，评价目标和因素即上文所提到的5个一级指标，11个二级指标，38个三级指标。

（二）构造判断矩阵

本研究层次分析法下判断矩阵的构造采取1～9级两两标度，这也是问卷调查采取的数值标度法，即统一评分标准让专家进行打分，要求评分表具有实际意义才将其视为有效，得到的各级指标的两两标度数值，相应元素的值在具有实际意义时取这个比值，问卷回收后对征询调查结果进行归纳综合。判断矩阵数值的相对重要性如表6-4所示。

表6-4　判断矩阵数值的相对重要性

标度	含义
1	2个指标相比，同样重要
3	2个指标相比，1个指标比另1个指标稍微重要
5	2个指标相比，1个指标比另1个指标明显重要
7	2个指标相比，1个指标比另1个指标强烈重要
9	2个指标相比，1个指标比另1个指标极端重要
2，4，6，8	重要性处于上述两相邻判断的中间
倒数	指标i与j比较判断为aij，则指标j与i比较判断为aji=1/aij

（三）计算

判断矩阵A的最大特征根及其对应的特征向量W，一般采用方根法或和积法，本研究拟采用方根法对各指标进行数据处理，计算各相关数值参照表6-5的平均随机性指标RI，根据方根法的计算步骤，算出随机一致性比率CR=（CI/RI），当$CR<0.10$时，认为层次分析法结果的不一致程度在可接受的范围之内，也就是可以把结果看作具有一致性，即专家的打分是满足实际情况的，进行的权重分配也是合理的。如果$CR>0.10$，说明此时的权重分配存在问题，因此为了使结果具有一致性，需要对元素的取值进行调整，重新对权重的值进行分配。

表6–5　层次分析法的平均随机一致性指标值一览表

矩阵阶数	1	2	3	4	5	6	7	8	9	10
RI	0.00	0.00	0.58	0.90	1.12	1.24	1.32	1.41	1.45	1.49

依照上述步骤，计算各级指标权重。

（1）相对于总目标而言，各个一级指标之间的重要性比较，见表6–6。

（2）（A–A_i）相对于A人力资源，各个二级指标的重要性比较，见表6–7。

（3）（B–B_i）相对于B物力资源，各个二级指标的重要性比较，见表6–8。

（4）（C–C_i）相对于C信息技术资源，各个二级指标的重要性比较，见表6–9。

（5）（D–D_i）相对于D财力资源，各个二级指标的重要性比较，见表6–10。

（6）（E–E_i）相对于E文化资源，各个二级指标的重要性比较，见表6–11。

（7）（A_1–A_{1i}）相对于A_1管理人员，各个三级指标的重要性比较，见表6–12。

（8）（A_2–A_{2i}）相对于A_2专业技术人员，各个三级指标的重要性比较，见表6–13。

（9）（A_3–A_{3i}）相对于A_3安保外勤人员，各个三级指标的重要性比较，见表6–14。

（10）（B_1–B_{1i}）相对于B_1场馆设施设备，各个三级指标的重要性比较，见表6–15。

（11）（B_2–B_{2i}）相对于B_2其他辅助设施，各个三级指标的重要性比较，见表6–16。

（12）（C_1–C_{1i}）相对于C_1硬件信息，各个三级指标的重要性比较，见表6–17。

（13）（C_2–C_{2i}）相对于C_2软件信息，各个三级指标的重要性比较，见表6–18。

（14）（D_1–D_{1i}）相对于D_1资金利用，各个三级指标的重要性比较，见表6–19。

（15）（D_2–D_{2i}）相对于D_2资金收益，各个三级指标的重要性比较，见表6–20。

（16）（E_1–E_{1i}）相对于E_1制度文化，各个三级指标的重要性比较，见表6–21。

（17）（E_2-E_{2i}）相对于E_2精神文化，各个三级指标的重要性比较，见表6-22。

表6-6　一级指标判断矩阵与权重一览表

一级指标	A	B	C	D	E	W_i
A人力资源	1	1/3	3	1/3	5	0.1577
B物力资源	3	1	4	1/4	5	0.2447
C信息技术资源	1/3	1/4	1	1/5	4	0.0828
D财力资源	3	4	5	1	7	0.4764
E文化资源	1/5	1/5	1/4	1/7	1	0.0384

λ_{max}=5.248，CI=（λ_{max}−n）/（n−1）=（5.248−5）/（5−1）=0.1071

RI=1.12，CR=CI/RI=0.1071/1.12=0.0957<0.10

表6-7　（A）场馆人力资源指标判断矩阵与权重一览表

A场馆人力资源	A_1	A_2	A_3	W_i
A_1管理人员	1	2	5	0.5498
A_2体育专业技术人员	1/2	1	3	0.3681
A_3安保及外勤人员	1/5	1/3	1	0.0821

λ_{max}=3.0858，CI=（λ_{max}−n）/（n−1）=（3.0858−3）/（3−1）=0.0429

RI=0.58，CR=CI/RI=0.0429/0.58=0.0740<0.10

表6-8　（B）场馆物力资源指标判断矩阵与权重一览表

B场馆物力资源	B_1	B_2	W_i
B_1场馆设施设备	1	4	0.8
B_2其他辅助设备	1/4	1	02

λ_{max}=2，CI=（λ_{max}−n）/（n−1）=（2−2）/（2−1）=0，CR<0.10

表6-9　（C）场馆信息技术资源指标判断矩阵与权重一览表

C场馆信息技术资*	C_1	C_2	W_i
C_1硬件信息	1	4	0.8
C_2软件信息	1/4	1	02

$\lambda_{max}=2$，$CI=(\lambda_{max}-n)/(n-1)=(2-2)/(2-1)=0$，$CR<0.10$

表6-10 （D）场馆财力资源指标判断矩阵与权重一览表

D场馆财力资源	D_1	D_2	W_i
D_1资金利用	1	5	0.8333
D_2资金收益	1/5	1	0.1667

$\lambda_{max}=2$，$CI=(\lambda_{max}-n)/(n-1)=(2-2)/(2-1)=0$，$CR<0.10$

表6-11 （E）场馆文化资源指标判断矩阵与权重一览表

E场馆文化资源	E_1	E_2	W_i
E_1制度文化	1	4	0.8
E_2精神文化	1/4	1	02

$\lambda_{max}=2$，$CI=(\lambda_{max}-n)/(n-1)=(2-2)/(2-1)=0$，$CR<0.10$

表6-12 （A_1）管理人员指标判断矩阵与权重一览表

A_1管理人员	A_{11}	A_{12}	A_{13}	W_i
A_{11}管理者对场馆社会化服务的认知度	1	5	3	0.6267
A_{12}顶层设计对场馆社会化服务的有效度	1/5	1	1/4	0.0936
A_{13}管理者对场馆社会化服务的执行力度	1/3	4	1	0.2797

$\lambda_{max}=3.0858$，$CI=(\lambda_{max}-n)/(n-1)=(3.0858-3)/(3-1)=0.0429$

$RI=0.58$，$CR=CI/RI=0.0429/0.58=0.0740<0.10$

表6-13 （A_2）专业技术人员指标判断矩阵与权重一览表

A_2专业技术人员	A_{21}	A_{22}	A_{23}	W_i
A_{21}专业技术人员（教练、裁判等）兼职时数	1	1/5	1/6	0.0780
A_{22}专业技术人员（教练、裁判等）专职配比	5	1	1/3	0.2872
A_{23}专业技术人员（教练、裁判等）的工作效度	6	3	1	0.6348

$\lambda_{max}=3.0940$，$CI=(\lambda_{max}-n)/(n-1)=(3.0940-3)/(3-1)=0.0470$

$RI=0.58$，$CR=CI/RI=0.047/0.58=0.0810<0.10$

表6-14　（A_3）安保外勤人员指标判断矩阵与权重一览表

A_3安保及外勤人员	A_{31}	A_{32}	W_i
A31安保及外勤人员兼职时数	1	1/5	0.1667
A32安保及外勤人员的工作效度	5	1	0.8333

$\lambda_{max}=2$，$CI=(\lambda_{max}-n)/(n-1)=(2-2)/(2-1)=0$，$CR<0.10$

表6-15　（B_1）场馆设施设备指标判断矩阵与权重一览表

B_1场馆设施设备	B_{11}	B_{12}	B_{13}	W_i
B_{11}场馆设施开放使用时数	1	4	5	0.6738
B_{12}场馆设施开放数量	1/4	1	3	0.2255
B_{13}场馆设施开放面积比	1/5	1/3	1	0.1007

$\lambda_{max}=3.0858$，$CI=(\lambda_{max}-n)/(n-1)=(3.0858-3)/(3-1)=0.0429$

$RI=0.58$，$CR=CI/RI=0.0429/0.58=0.0740<0.10$

表6-16　（B_2）其他辅助设施指标判断矩阵与权重一览表

B_2其他辅助设施	B_{21}	B_{22}	B_{23}	B_{24}	W_i
B_{21}商务配套设施占比	1	3	2	1/5	0.1948
B_{22}公众接待及问询设施面积	1/3	1	1/4	1/6	0.0639
B_{23}公众安全设施面积	1/2	4	1	1/3	0.1681
B_{24}公共环境及交通配套	5	6	3	1	0.5732

$\lambda_{max}=4.238$，$CI=(\lambda_{max}-n)/(n-1)=(4.2380-4)/(4-1)=0.0793$

$RI=0.90$，$CR=CI/RI=0.0793/0.90=0.088<0.10$

表6-17　（C_1）硬件信息指标判断矩阵与权重一览表

C_1硬件信息	C_{11}	C_{12}	W_i
C_{11}网络网站建设、维护与管理	1	6	0.8571
C_{12}智能管理系统的引进	1/6	1	0.1429

$\lambda_{max}=2$，$CI=(\lambda_{max}-n)/(n-1)=(2-2)/(2-1)=0$，$CR<0.10$

表6-18 （C_2）软件信息指标判断矩阵与权重一览表

C_2软件信息	C_{21}	C_{22}	C_{23}	C_{24}	C_{25}	W_i
C_{21}公众即时交流	1	2	1/4	1	3	0.1569
C_{22}电子信息推送与更新	1/2	1	1/4	3	5	0.1641
C_{23}社会化服务平台	4	4	1	6	7	0.5321
C_{24}宣传专栏	1	1/3	1/6	1	3	0.1011
C_{25}报刊杂志	1/3	1/5	1/7	1/3	1	0.0458

λ_{max}=5.3462，CI=（λ_{max}−n）/（n−1）=（5.3462−5）/（5−1）=0.0866

RI=1.12，CR=CI/RI=0.0856/1.12=0.0773＜0.10

表6-19 （D_1）资金利用指标判断矩阵与权重一览表

D_1资金利用	D_{11}	D_{12}	D_{13}	D_{14}	W_i
D_{11}消费满意度	1	3	3	6	0.513 3
D_{12}消费成本	1/3	1	1/4	3	0.133 9
D_{13}消费价格	1/3	4	1	4	0.287 8
D_{14}场馆社会化服务成本增加额	1/6	1/3	1/4	1	0.065 0

λ_{max}=4.2411，CI=（λ_{max}−n）/（n−1）=（4.2411−4）/（4−1）=0.0804

RI=0.90，CR=CI/RI=0.0804/0.90=0.0893＜0.10

表6-20 （D_2）资金收益指标判断矩阵与权重一览表

D_2资金收益	D_{21}	D_{22}	D_{23}	D_{24}	D_{25}	D_{26}	D_{27}	D_{28}	W_i
D_{21}接待总量（人数）的增加额	1	2	4	4	4	5	1	6	02492
D_{22}商家广告赞助收益增加额	1/2	1	4	5	5	6	3	5	02542
D_{23}会展活动收益增加额	1/4	1/4	1	1/3	1/3	4	1/6	3	0.0520
D_{24}体育培训收益增加额	1/4	1/5	3	1	3	4	1/5	4	0.0930
$D_2$5赛事活动收益增加额	1/4	1/5	3	1/3	1	3	1/4	4	0.0701
D_{26}文艺活动收益增加额	1/5	1/6	1/4	1/4	1/3	1	1/7	2	0.0306
D_{27}场地租赁活动收益增加额	1	1/3	6	5	4	7	1	6	02247
D_{28}其他收益增加额	1/6	1/5	1/3	1/4	1/4	1/2	1/6	1	0.0262

λ_{max}=8.9238，CI=（λ_{max}−n）/（n−1）=（8.9238−8）/（8−1）=0.1320

RI=1.41，CR=CI/RI=0.1320/1.41=0.0936＜0.10

表6-21　（E_1）制度文化指标判断矩阵与权重一览表

E_1制度文化	E_{11}	E_{12}	W_i
E_{11}场馆社会化服务管理规范的制定	1	1/3	0.25
E_{12}场馆社会化服务管理规范化度	3	1	0.75

$\lambda_{max}=2$，$CI=(\lambda_{max}-n)/(n-1)=(2-2)/(2-1)=0$，$CR<0.10$

表6-22　（E2）精神文化指标判断矩阵与权重一览表

E_2精神文化	E_{21}	E_{22}	W_i
E_{21}场馆社会化服务文化理念普及	1	1/3	0.25
E_{22}场馆社会化服务秩序化实现度	3	1	0.75

$\lambda_{max}=2$，$CI=(\lambda_{max}-n)/(n-1)=(2-2)/(2-1)=0$，$CR<0.10$

二、高校体育场馆社会化服务效率的评价指标体系及其权重

根据上述结果，最终得到高校体育场馆社会化服务效率的评价指标体系及其权重，具体见表6-23。

表6-23　高校体育场馆社会化服务的评价指标体系及其各权重

一级指标	二级指标	二级权重	三级指标	三级权重
A场馆人力资源（0.1577）	A_1管理人员（0.3681）	0.0867	A_{11}管理者对场馆社会化服务的认知度（0.6267）	0.0543
			A_{12}顶层设计对场馆社会化服务的有效度（0.0936）	0.0081
			A_{13}管理者对场馆社会化服务的执行力度（0.2797）	0.0243
	A_2专业技术人员（0.3681）	0.0580	A_{21}专业技术人员（教练、裁判等）兼职时数（0.2872）	0.0045
			A_{22}专业技术人员（教练、裁判等）专职配比（0.0780）	0.0167
			A_{23}专业技术人员（教练、裁判等）的工作效度（0.6348）	0.0368
	A_3安保及外勤人员（0.0821）	0.0129	A_{31}安保及外勤人员兼职时数（0.1667）	0.0022
			A_{32}安保及外勤人员的工作效度（0.8333）	0.0108

（续表）

一级指标	二级指标	二级权重	三级指标	三级权重
C场馆信息技术资源（0.0828）	C_1硬件信息（0.8）	0.0662	C_{11}网络网站建设、维护与管理（0.8571）	0.0568
			C_{12}智能管理系统的引进（0.1429）	0.0095
	C_2软件信息（0.2）	0.0166	C_{21}公众即时交流（0.1569）	0.0026
			C_{22}电子信息推送与更新（0.1641）	0.0027
			C_{23}社会化服务平台（0.5321）	0.0088
			C_{24}宣传专栏（0.1011）	0.0017
			C_{25}报刊杂志（0.0458）	0.0008
D场馆财力资源（0.4764）	D_1资金利用（0.8333）	0.3970	D_{11}消费满意度（0.5133）	0.2038
			D_{12}消费成本（0.1339）	0.0532
			D_{13}消费价格（0.2878）	0.1143
			D_{14}场馆社会化服务成本增加额（0.650）	0.0258
	D_2资金收益（0.1667）	0.0794	D_{21}接待总量（人数）的增加额（0.2492）	0.0198
			D_{22}商家广告赞助收益增加额（0.2542）	0.0202
			D_{23}会展活动收益增加额（0.0520）	0.0041
			D_{24}体育培训收益增加额（0.0930）	0.0074
			D_{25}赛事活动收益增加额（0.0701）	0.0056
			D_{26}文艺活动收益增加额（0.0306）	0.0024
			D_{27}场地租赁活动收益增加额（0.2247）	0.0178
			D_{28}其他收益增加额（0.0262）	0.0021

（续表）

一级指标	二级指标	二级权重	三级指标	三级权重
E场馆文化资源（0.0384）	E_1制度文化（0.8）	0.0307	E_{11}场馆社会化服务管理规范的制定（0.25）	0.0077
			E_{12}场馆社会化服务管理规范化度（0.75）	0.0230
	E_2精神文化（0.2）	0.0077	E_{21}场馆社会化服务文化理念普及（0.25）	0.0019
			E_{22}场馆社会化服务秩序化实现度（0.75）	0.0058

本文确立的高校体育场馆社会化服务评价指标体系包括人力资源、物力资源、信息技术资源、财力资源、文化资源5个一级指标，管理人员、专业技术人员等11个二级指标和管理者对场馆社会化服务的认知度、顶层设计对场馆社会化服务的有效度等38个三级指标，各指标权重详见表6-23。

随着高校体育场馆服务信息技术的迅速发展，高校体育场馆社会化服务的范围与能力正逐步扩大与提升，其场馆社会化服务评价影响因子及其系数必然发生一定的变化。特别是对那些创新型高校而言，原有的评价指标体系可能会存有一定的局限性，需在相关实证研究中谨慎对待与完善。

参考文献

[1] 黄振鹏. 高校智能化体育场馆建设与经营管理［M］. 长春：吉林大学出版社，2020.

[2] 王莹. 体育场馆运营管理与开发利用研究［M］. 长春：东北师范大学出版社，2019.

[3] 李颖川. 体育蓝皮书：中国体育产业发展报告（2019）［M］. 北京：社会科学文献出版社，2020.

[4] 李艳丽. 体育场馆管理［M］. 北京：北京体育大学出版社，2019.

[5] 詹新寰. 体育场馆管理理论研究与管理实践［M］. 北京：中国国际广播出版社，2019.

[6] 胡俊. 高校体育资源与社会体育共享研究［M］. 长春：吉林大学出版社，2019.

[7] 曹焕男. 大型体育场馆运营管理理论与应用［M］. 北京：中国商业出版社，2019.

[8] 崔瑞华，王泽宇，孔庆波，等. 我国公共体育场馆建设与布局的经济学分析［M］. 沈阳：东北财经大学出版社，2016.

[9] 崔世君. 高校体育场馆社会化运营与管理［M］. 北京：人民体育出版社，2019.

[10] 郑娟. 中国大型体育场馆公共服务协同治理研究［M］. 北京：经济管理出版社，2018.

[11] 赵广，黄宏远. 体育场馆智能化［M］. 武汉：中国地质大学出版社，2018.

[12] 徐君伟. 高校体育商业化运作与管理研究［M］. 北京：经济管理出版社，2019.

[13] Watt D. Sports Management and Administration［M］. 2004.

[14] 习近平. 中国以后要变成一个强国，各方面都要强［EB/OL］.（2017-02-25）［2019-03-20］. http：//news.cctv.com/2017/02/24/ARTIPDiVvCpvLxV6gHfw2Gyc170224.shtml.

［15］邓红杰. 市民健身有了法律法规［N］. 中国体育报. 2019-01-22：B2.
［16］教育部，国家体育总局. 关于推进学校体育场馆向社会开放的实施意见［EB/OL］.（2017-03-08）. http：//www.gov.cn/xinwen/2017-03/08content-5175010.html.
［17］于洋. 吉林省高校体育场馆资源利用现状及影响因素分析［D］. 长春：东北师范大学，2006.
［18］顾晓君. 高校体育场馆对社会开放的风险识别及控制研究［D］. 昆明：云南师范大学，2018.
［19］经济司. 第六次全国体育场地普查数据公报［EB/OL］.［2019-09-20］. http：//www.sport.t；ov.cn/n316/n340/c212771/content.html.
［20］张涛. 江苏省高校体育场馆资源开放现状与影响因素分析［D］. 南京：南京师范大学，2008.
［21］李宁. 山东省高校体育场馆社会化服务现状调查研究［D］. 北京：首都体育学院，2014.
［22］彭立群. 对新疆高校体育场馆面向社会化开放的调查研究［D］. 武汉：华中师范大学，2015.
［23］张俊基. 于体育公共服务理论的湖北省高校体育场馆管理优化对策研究［D］. 武汉：华中科技大学，2015.
［24］毛小燕. 对构建我国大型公共体育场馆评价指标体系的研究［D］. 北京：北京体育大学，2014.
［25］马生乾. 武汉市高校体育场馆资源社会化现状调查研究［D］. 武汉：华中师范大学，2015.
［26］徐磊. 我国学校体育场馆资源社会共享的困境与对策［J］. 体育文化导刊，2017（7）：110-113，119.
［27］国务院研究室. 十二届全国人大五次会议《政府工作报告》辅导读本［M］. 北京：人民出版社，2017：266.
［28］黄大志，潘宏波，梁然. 高校体育场馆面向社会开放风险管理策略［J］. 湖北体育科技，2018，37（10）：862-865.
［29］王继生，丁传伟，孙泽. 新时代背景下体育场馆深化改革的目标及路径［J］. 体育文化导刊，2019（8）：72-77.
［30］钱学峰，田菌，罗冰婷.学校体育场馆向社会开放的协同治理机制探析——以体育社会组织的功能释放为视角［J］. 沈阳体育学院学报，2019，38（1）：39-45，51.

[31] 刘扶民. 贯彻落实《国务院办公厅关于促进全民健身和体育消费推动体育产业高质量发展的意见》推动体育产业成为国民经济支柱性产业 [J]. 体育科学，2019，39（10）：8.

[32] 陈奕良. 成都市高校体育场馆开放现状与对策研究 [J]. 成都体育学院，2013.

[33] 方淑琳. 浙江高校体育场馆开放不足成因及对策 [J]. 浙江体育科学，2018（9）：34-36.

[34] 王玫，刘听，刘守君. 我国高校体育场馆对外开放研究 [J]. 体育文化导刊，2012（7）：74-77.

[35] John L.Crompton，Dennis R.Howard.The American experience with facility naming rights：opportunities for English professional football teams [J]. Managing Leisure，2005（8）：212-226.

[36] 岳宁冈. 高校体育场馆社会服务质量评价的组织方式与实施策略 [J]. 林区教学，2017（1）：104-106.

[37] 王健. 苏州市学校体育场馆对外开放的实施策略 [J]. 黑龙江科学，2017（8）：80-81.

[38] 刘思恺. 推进高校体育场馆向社会开放提升大学体育社会功能——以惠州经济职业技术学院为例 [J]. 当代体育科技，2017（6）：156-157.

[39] 杨震，李艳翎. 我国高校体育场馆对社会开放的困境与优化策略 [J]. 北京体育大学学报，2013（1）：91-96.

[40] 蒋磊，苏龙. 安徽省高校体育场馆资源有偿服务影响因素及对策研究 [J]. 安徽农业大学学报：社会科学版，2013（1）：65-68.

[41] 孙琴，王彦英. 消费升级与高校体育场馆的营销创新 [J]. 商业经济研究，2017（19）：69-71.

[42] 彭英，唐刚，位可娜. 学校体育场地设施对社会开放的安全风险规避研究 [J]. 北京体育大学学报，2017（2）：79-86.

[43] 王登峰. 学校体育场馆向社会开放的理念与策略 [J]. 上海体育学院学报，2017（6）：1-3.

[44] 陈新. 融合与发展理念下高校体育与社会体育的结合研究 [J]. 黑龙江高教研究，2014（12）：61-63.

[45] 刘璐，李峰. 学校体育场地设施向社会开放的困境与现实路向研究 [J]. 沈阳体育学院学报，2016（3）：30-35.

[46] 宋忠良，陈更亮，贺新家. 体育强国背景下我国体育场地建设发展趋势——基于两次全国体育场地普查数据的比较［J］. 河南师范大学学报：自然科学版，2016（3）：178–183.

[47] 吴碧红，施文忠，刘宝亮. 普通高校体育场馆向社会开放实证研究——以福建省为例［J］. 北京体育大学学报，2012（12）：108–115.

[48] 王玫，刘欣，刘守君. 我国高校体育场馆对外开放研究［J］. 体育文化导刊，2012（10）：74–77.

[49] 刘亮，付志华，黎桂华. 供给侧改革视角下我国体育产业发展的新空间及动力培育［J］. 首都体育学院学报，2017（1）：8–12.

[50] 杨震，李艳翎. 我国高校体育场馆对社会开放的困境与优化策略［J］. 北京体育大学学报，2013（1）：91–96.

[51] 吴听歌，陈元欣专业场馆公司参与美国高校体育场馆运营现状分析［J］. 湖北体育科技，2018（5）：404–407.

[52] 黄海燕，张林，陈元欣，等. “十三五”我国体育产业战略目标与实施路径［J］. 上海体育学院学报，2016（2）：13–18.

[53] 张康平. 全民健身公共服务供给侧结构性改革研究［J］. 体育文化导刊，2016（11）：11–14，55.

[54] 江广和. 陕西高校体育场馆供给侧改革研究［J］. 体育文化导刊，2017（6）：134–138.

[55] 宋铁男. 城市公共运动休闲空间布局供给侧改革路径研究［J］. 沈阳体育学院学报，2017（3）：48–54.

[56] 教育部，国家体育总局. 关于推进学校体育场馆向社会开放的实施意见［J］. 中国学校体育，2017（4）：26–27.

附录

附录1

学生问卷

尊敬的同学：

您好！

我校目前进行一项有关高校体育场馆社会开放课题的研究，根据研究任务，需要对河南省部分高校体育场馆基本信息、对外开放的现状及影响因素进行调查研究。请根据您校的具体情况填写这份问卷。在此对您表示衷心的感谢。本问卷的调查仅作学术研究使用，并保证所有资料绝对保密。谢谢您的合作！

请您按照自己的意见填答，请尽量把所有题目填写完整，请在您的选项上打“√”。

谢谢您的支持！

1. 您校室外体育场地是否全部免费对社会开放？

A. 是　　B. 不是

2. 您校室外水泥材质体育场地是否全部向社会无偿开放？

A. 全部开放　　B. 部分开放　　C. 不开放

3. 您校有室外塑胶搭建雨棚的体育场地吗？

A. 有　　B. 没有

4. 您校体育课上课时间段室外塑胶或搭建雨棚的体育场地利用率高吗？

A. 非常高　　B. 较高　　C. 一般　　D. 较低　　E. 非常低　　F. 无

5. 您校有偿开放的体育场地场馆有哪些？（多选）

A. 室外水泥场地　　B. 室外塑胶场地

C. 室外加盖雨棚场地　　D. 室内体育场馆　　E. 其他

6. 您认为，高校日常教学、校内师生课外活动、社会开放三者使用体育场馆的权重排序？

A. 教学—课外活动—社会开放　　B. 教学—社会开放—课外活动
C. 社会开放—教学—课外活动　　D. 社会开放—课外活动—教学
E. 课外活动—教学—社会开放　　F. 课外活动—社会开放—教学

7. 您认为目前您校体育场馆面向社会开放程度影响到日常教学了吗？

A. 非常影响　B. 较影响　C. 影响　D. 一般　E. 不影响

8. 您在课外活动时充分享用到了学校室外体育场地了吗？

A. 非常充分　B. 充分　C. 一般　D. 不充分　E. 完全没有

9. 您在课外活动时充分享用到了学校室内体育场馆了吗？

A. 非常充分　B. 充分　C. 一般　D. 不充分　E. 完全没有

10. 您认为学校体育的发展与公共体育的发展两者之间相互联系如何？

A. 联系非常大　B. 联系较大　C. 一般　D. 联系较小　E. 没有联系

11. 您校公共体育课上课时间段空闲的室外体育场地多吗？

A. 非常多　B. 较多　C. 一般　D. 较少　E. 非常少

12. 您校专业体育课上课时间段空闲的室外体育场地多吗？

A. 非常多　B. 较多　C. 一般　D. 较少　E. 非常少

13. 您校体育场馆经营收费管理方式有哪些？（多选）

A. 网上预约　B. 现场收费　C. 会员制　D. 校园卡　E. 其他

14. 您校体育场馆收费经营是否有发票？

A. 有　B. 没有　C. 不清楚

15. 您校室内哪些项目场馆是收费的？（多选）

A. 篮球馆　B. 网球馆　C. 羽毛球馆　D. 乒乓球馆
E. 健身器材馆　F. 健美操瑜伽馆　G. 排球馆　H. 其他

16. 您校室外哪些项目场地是收费的？（多选）

A. 篮球场　B. 网球场　C. 羽毛球场　D. 乒乓球台　E. 足球场
F. 田径场　G. 排球场　H. 其他

17. 您校体育场馆收费方式有哪些？（多选）

A. 按小时收费　B. 按时间段收费　C. 包场　D. 按人数收费
E. 会员制收费　F. 其他

18. 您校体育场馆收费标准为年卡________元/张？季卡________元/张？次卡________元/张？（请填空）

19. 您认为贵校目前管理方式有什么优势？（多选）

A. 课程利用率高　B. 课外活动利用率高　C. 社会开放利用率高
D. 场馆收益高　E. 部门间易协调　F. 体育专业学生使用
G. 普通学生使用　H. 教职工课外活动　I. 其他

20. 您认为贵校目前管理方式有什么不足？（多选）

A. 课程利用率低　B. 课外活动利用率低　C. 社会开放利用率低
D. 场馆收益低　E. 部门间不易协调　F. 其他

再次感谢您的支持和帮助！

教师问卷

尊敬的领导、老师：

您好！

我校目前进行一项有关高校体育场馆社会开放课题的研究，根据研究任务，需要对河南省部分高校体育场馆基本信息、对外开放的现状及影响因素进行调查研究。请根据您校的具体情况填写这份问卷。在此对您表示衷心的感谢。本问卷的调查仅作学术研究使用，并保证所有资料绝对保密。谢谢您的合作！

请您按照自己的意见填答，请尽量把所有题目填写完整，请在您的选项上打“√”。

谢谢您的支持！

1. 您校室外体育场地是否全部免费对社会开放？

A. 是　　B. 不是

2. 您校室外水泥材质体育场地是否全部向社会无偿开放？

A. 全部开放　　B. 部分开放　　C. 不开放

3. 您校室外体育场地，免费开放的人群有？（多选）
收费的人群有？（多选）
具体收费标准？

A. 上课时间内本班学生　　B. 校内教职工　　C. 体育专业学生
D. 高水平、业余运动队　　E. 在校所以学生　　F. 社会群体
G. 以上全部　　H. 其他

4. 您校有偿开放的体育场地场馆有哪些？（多选）

A. 室外水泥场地　　B. 室外塑胶场地　　C. 室外加盖雨棚场地
D. 室内体育场馆　　E. 其他

5. 您校有偿开放的体育场地场馆向社会开放的时间安排？（多选）

A. 法定假日　　B. 周一至周五的非教学时间　　C. 寒暑假
D. 全天候　　E. 双休日　　F. 教学时间段
G. 闲置场地

6. 您校体育场地场馆对校内、外人员收费有不同标准吗？

A. 有　　B. 没有

7. 您认为，高校日常教学、校内师生课外活动、社会开放三者使用体育场馆的权重排序？

A. 教学—课外活动—社会开放　　B. 教学—社会开放—课外活动
C. 社会开放—教学—课外活动　　D. 社会开放—课外活动—教学
E. 课外活动—教学—社会开放　　F. 课外活动—社会开放—教学

8. 您认为目前您校体育场馆面向社会开放程度影响到日常教学了吗？

A. 非常影响　　B. 较影响　　C. 影响　　D. 一般　　E. 不影响

9. 您校公共体育课上课时间段空闲的室外体育场地多吗?

A. 非常多　B. 较多　C. 一般　D. 较少　E. 非常少

10. 您校非公共体育课上课时间段空闲的室外体育场地多吗?

A. 非常多　B. 较多　C. 一般　D. 较少　E. 非常少

11. 您在课外活动时充分享用到了学校室外体育场地了吗?

A. 非常充分　B. 充分　C. 一般　D. 不充分　E. 完全没有

12. 您在课外活动时充分享用到了学校室内体育场馆了吗?

A. 非常充分　B. 充分　C. 一般　D. 不充分　E. 完全没有

13. 您认为学校体育的发展与公共体育的发展两者关系相互联系吗?

A. 联系非常大　B. 联系较大　C. 一般　D. 联系较小　E. 没有联系

14. 您校体育场馆目前的管理模式?

A. 体育学院管理　B. 物业管理　C. 学校职能部门管理
D. 综合性管理　E. 其他

15. 您认为贵校目前管理方式有什么优势?（多选）

A. 课程利用率高　B. 课外活动利用率高　C. 社会开放利用率高
D. 场馆收益高　E. 部门间易协调　F. 体育专业学生使用
G. 普通学生使用　H. 教职工课外活动　I. 其他

16. 您认为贵校目前管理方式有什么不足?（多选）

A. 课程利用率低　B. 课外活动利用率低　C. 社会开放利用率低
D. 场馆收益低　E. 部门间不易协调　F. 其他

17. 您校室内哪些项目场馆是收费的?（多选）

A. 篮球馆　B. 网球馆　C. 羽毛球馆　D. 乒乓球馆
E. 健身器材馆　F. 健美操瑜伽馆　G. 排球馆　H. 其他

18. 您校室外哪些项目场地是收费的？（多选）

A. 篮球场　B. 网球场　C. 羽毛球场　D. 乒乓球台　E. 足球场
F. 田径场　G. 排球场　H. 其他

19. 您校体育场馆收费方式有哪些？（多选）

A. 按小时收费　B. 按时间段收费　C. 包场　D. 按人数收费
E. 会员制收费　F. 其他

20. 您校体育场馆收费标准为年卡________元/张？季卡________元/张？次卡________元/张？（请填空）

21. 您校高水平运动队有哪些项目？（多选）

A. 田径　B. 篮球　C. 足球　D. 排球　E. 乒乓球　F. 武术
G. 舞蹈　H. 健美操　I. 无　J. 其他

22. 您校高水平运动队每周周几训练？（多选）训练当天平均练习____小时（填空）？

A. 周一　B. 周二　C. 周三　D. 周四　E. 周五　F. 周六
G. 周日　H. 无

23. 您校高水平运动队训练时间主要集中于？（多选）

A. 上午前两节　B. 上午后两节　C. 下午前两节　D. 下午后两节
E. 晚上一节

24. 您校业余运动队比赛前通常提前多长时间安排集训？

A. 两个月以上　B. 两个月　C. 一个月　D. 三周　E. 两周
F. 一周　G. 常年不集训　H. 其他

25. 您校业余运动队赛前集训每周周几训练？（多选）训练当天平均练习____小时（填空）？

A. 周一　B. 周二　C. 周三　D. 周四　E. 周五　F. 周六
G. 周日　H. 无

26. 您校业余运动队非赛前集训期间每周周几训练？（多选）
训练当天平均练习________小时？

A. 周一　B. 周二　C. 周三　D. 周四　E. 周五
F. 周六　G. 周日

27. 您校业余运动队训练时间主要集中于？（多选）

A. 上午前两节　B. 上午后两节　C. 下午前两节晚上一节
D. 下午后两节

再次感谢您的支持和帮助！

管理者问卷

尊敬的领导、老师：

您好！

我校目前进行一项有关高校体育场馆社会开放课题的研究，根据研究任务，需要对河南省部分高校体育场馆基本信息、对外开放的现状及影响因素进行调查研究。请根据您校的具体情况填写这份问卷。在此对您表示衷心的感谢。本问卷的调查仅作学术研究使用，并保证所有资料绝对保密。谢谢您的合作！

请您按照自己的意见填答，请尽量把所有题目填写完整，请在您的选项上打“√”。

谢谢您的支持！

1. 您校校内开设盈利收费的体育俱乐部有哪些项目？（多选）

A. 田径　B. 篮球　C. 足球　D. 排球　E. 乒乓球
F. 武术　G. 舞蹈　H. 健美操　I. 无　J. 其他

2. 您校公共体育课主要安排在什么时间段？（多选）

A. 上午前两节　B. 上午后两节　C. 下午前两节　D. 下午后两节
E. 晚上一节

3. 您校专业体育课主要安排在什么时间段？（多选）

A. 上午前两节　B. 上午后两节　C. 下午前两节　D. 下午后两节
E. 晚上一节

4. 您校室外体育场地是否全部免费对社会开放?

A. 是　　B. 不是

如果不是全部开放，哪些室外场地不是免费开放的（多选）您的选项：
哪些是根本不开放的？（多选）您的选项：

A. 室外水泥场地　　B. 室外塑胶场地　　C. 室外加盖雨棚场地
D. 室内体育场馆　　E. 其他

5. 您校哪些体育场地是向社会无偿开放的？（多选）

A. 室外水泥场地　　B. 室外塑胶场地　　C. 室外加盖雨棚场地
D. 室内体育场馆　　E. 其他

6. 您校目前对社会无偿开放的体育场地时间如何安排？（多选）

A. 法定节假日　　B. 周一至周五的非教学时间　　C. 寒暑假
D. 双休日　　E. 教学时间段闲置场地　　F. 其他

7. 您校室外塑胶材质体育场地是否全部向社会开放?

A. 全部开放　　B. 部分开放　　C. 不开放

8. 您校室内体育场馆利用率高吗?

A. 非常高　　B. 较高　　C. 一般　　D. 较低　　E. 非常低

9. 您校体育场馆管理机构管理人员中有几种编制？（多选）

A. 事业编制　　B. 人事代理　　C. 合同制　　D. 聘用无合同　　E. 其他

10. 您校体育场馆管理机构属于哪种性质？（多选）

A. 正处级　　B. 副处级　　C. 正科级　　D. 副科级
E. 有机构，但无级别　　F. 有机构，委托校外管理
G. 无机构，委托教师兼职管理

11. 您校体育场馆管理机构上级是?

A. 学校　　B. 学校专设部门　　C. 体育学院　　D. 体育学院专设科室

12. 您校体育场馆管理管理办法是否由学校及体育学院批准或备案？

A. 完全是　　B. 部分是　　C. 不是

13. 您校体育场馆经营主要收费来源有？（多选）

A. 体育俱乐部　　B. 个人会员制　　C. 场馆冠名
D. 个人单次　　E. 场馆内部广告　　F. 其他
G. 临时承包

14. 您校体育场馆收费经营是否有发票？

A. 有　　B. 没有　　C. 不清楚

15. 您校体育场馆经营收费管理方式有哪些？（多选）

A. 网上预约　B. 现场收费　C. 会员制　D. 校园卡　E. 其他

16. 您校体育场馆水电费、后期维修、购置易耗品是哪个部门负责的？

A. 场馆管理部门自主负责　　B. 体育学院负责
C. 学校后勤部门负责　　D. 其他

17. 您校体育场馆管理人员、工人、门卫管理员的收入来源于？

A. 事业单位上级部门拨发　　B. 学校自主发放
C. 体育学院自主发放　　D. 体育场馆受益中支出

18. 您校有偿开放的体育场馆收入和支出是否平衡？

A. 盈利　　B. 持平　　C. 超支

再次感谢您的支持和帮助！

附录2

您好！

我校目前进行一项有关高校体育场馆社会化服务课题的研究，根据研究任务，为了解高校体育场馆社会化服务过程中的安全因素引发安全问题的概率，需要占用您几分钟时间。进行调查研究。请根据您校的具体情况填写这份问卷。在此对您表示衷心的感谢。本问卷的调查仅作学术研究使用，并保证所有资料绝对保密。谢谢您的合作！

请您按照自己的意见填答，请尽量把所有题目填写完整，请在您的选项上打“√”。

谢谢您的支持！

一、体育锻炼信息填写

1. 在高校体育场馆社会开放过程中，您是否在高校体育场馆进行体育锻炼？

A. 是　　B. 否（结束答题）

2. 您是否有心血管类疾病？

A. 是　　B. 否

3. 您每周的运动频率（指每天运动锻炼30分钟以上）。

A. 5次以上　　B. 4～5次　　C. 2～3次　　D. 2次以下

4. 在高校场馆社会开放期间进行体育活动时，您是否发生过以下安全事故（多选题）？

A. 拉伤、崴脚等轻微损伤　　B. 骨折、断裂等重大运动损伤
C. 打架事件　　D. 器材伤害
E. 拥挤踩踏　　F. 财产损失
G. 触电　　H. 火灾
I. 其他（请具体论述）：＿＿＿＿＿＿

二、以下题项描述了您在高校体育场馆社会开放过程中，参与体育锻炼的安全风险因素，请您阅读以下每一项表述，根据您的认识及实际情况，对各类安全因素引发安全问题的可能性作出判断。1→7：表示完全不可能发生→非常可能发生。

（一）高校体育场馆社会开放过程中，参与体育锻炼的人为因素引发安全问题的可能性判断。

	1	2	3	4	5	6	7
1. 锻炼者具有心血管类疾病	○	○	○	○	○	○	○
2. 锻炼者缺乏安全教育	○	○	○	○	○	○	○
3. 锻炼者对器材操作不当	○	○	○	○	○	○	○
4. 锻炼者准备活动不足或者不重视	○	○	○	○	○	○	○
5. 锻炼者缺乏科学的锻炼方法	○	○	○	○	○	○	○
6. 锻炼者心理素质较差	○	○	○	○	○	○	○
7. 打架斗殴							

（二）高校体育场馆社会开放过程中，参与体育锻炼的物的因素引发安全问题的可能性判断。

	1	2	3	4	5	6	7
8. 场馆疏散通道设计不合理	○	○	○	○	○	○	○
9. 缺乏医护设备	○	○	○	○	○	○	○
10. 消防设备配备不足或不合理	○	○	○	○	○	○	○
11. 观众席、围栏等设计不合理	○	○	○	○	○	○	○
12. 缺乏器材维护	○	○	○	○	○	○	○
13. 锻炼者财产丢失	○	○	○	○	○	○	○
14. 学校财产丢失	○	○	○	○	○	○	○

（三）高校体育场馆社会开放过程中，参与体育锻炼的管理因素引发安全问题的可能性判断。

	1	2	3	4	5	6	7
15. 管理层决策失误	○	○	○	○	○	○	○
16. 缺乏安全预案	○	○	○	○	○	○	○
17. 经费不足	○	○	○	○	○	○	○
18. 管理者安全意识不足	○	○	○	○	○	○	○

19. 缺乏专业指导或安全员	○	○	○	○	○	○	○
20. 管理者组织能力不足	○	○	○	○	○	○	○
21. 管理者处理突发事件的能力不足	○	○	○	○	○	○	○
22. 安全管理制度不完善	○	○	○	○	○	○	○

（四）高校体育场馆社会开放过程中，参与体育锻炼的环境因素引发安全问题的可能性判断。

	1	2	3	4	5	6	7
23. 用电不规范	○	○	○	○	○	○	○
24. 拥挤踩踏	○	○	○	○	○	○	○
25. 交通拥堵	○	○	○	○	○	○	○

三、基本信息填写

1. 您的性别：（单选题）

A. 男　　B. 女

2. 请问您的婚姻状况属于：（单选题）

A. 单身，与父母亲友居住

B. 单身，独自居住

C. 已婚有子女

D. 已婚无子女

E. 其他

3. 您的年龄是：（单选题）

A. 18～25岁

B. 26～35岁

C. 36～50岁

D. 50岁以上

4. 您的教育背景（最高学历）：（单选题）

A. 初中及以下

B. 高中/中专/职高

C. 大专

D. 本科

E. 硕士及以上

5. 您的职业：（单选题）

A. 学生　B. 自由职业者　C. 事业单位人员

D. 企业/公司职员　E. 政府机关公务员　F. 工人/服务人员

G. 个体经营者/私营业主　H. 家庭主妇/夫　I. 军人

J. 离退休人员　K. 其他

6. 您个人的平均税前月收入（包括奖金和津贴）是：（单选题）

A. 2999元及以下　B. 3000～3999元　C. 4000～6999元

D. 7000～9999元　E. 10000～14999元　F. 15000～19999元

G. 20000元及以上

感谢您的配合！